Smart Book

漢文讀解捷徑시리즈 7

맹자독해 첫걸음

이지곤 이화춘 원주용 박상수 편저

전통문화연구회

이지곤李祉坤

성균관대학교 한문교육학 석사
㈜두산동아, ㈜ 대교 개발팀장
(사)전통문화연구회 상임연구위원
(사)한국평생교육평가원 공인한자급수 실장

저서
《신편 명심보감明心寶鑑》, 《사서독해첩경》, 《한문독해첩경 문학편》, 《한문독해첩경 사학편》, 《한문독해첩경 철학편》
초등학교 한문교과서- ㈜대교
중, 고등학교 한문교과서(2007교육과정- 동화사, 2009교육과정- 디딤돌, 2015교육과정- 동화사, 2023교육과정- 박영사)

이화춘李和春

전주대학교 한문교육과 졸업
성균관대 대학원 한문학과 수료
전통문화연구회 사무국장 등 역임
현 전통문화연구회 책임연구원(기획실장)

논문 〈콘텐츠 기획자가 본 한문과(漢文科) 이러닝 콘텐츠 발전의 선결(先決)사항〉
편역 《신편 사자소학/추구》《신편 계몽편/동몽선습》 등
공저 《한문독해기본패턴》《사서독해첩경》《한문독해첩경 문학편》 등

원주용元周用

성균관대학교 한문학과 문학박사
민족문화추진회 국역연수원 졸업
성균관대학교 겸임교수, 초빙교수
성균관대학교 동아시아학술원 연구원, 연구교수
안동대, 한림대, 원광대 강사

논문 목은 이색 산문 연구
편역 《고려시대 산문읽기》《고려시대 한시읽기》《조선시대 한시읽기》 등
번역 《담암일집淡庵逸集》《불조통재佛祖通載》 등

박상수朴相水

단국대학교 한문학과 박사과정 수료
한국고전번역원 연수부 및 일반연구부 수료
국사편찬위원회 초서 기초과정 및 고급과정 수료
온지서당溫知書堂 한문 수학
단국대학교 한문교육과 강사
단국대학교 동양학연구원 전문위원
어문정책정상화추진회 사무국장
전통문화연구회 동양고전번역연구소 실장

저역서 《한문독해첩경-문학편》, 《한문독해첩경-사학편》, 《한문독해첩경-철학편》, 《신식 비문척독》 외 다수

《맹자독해 첫걸음》을 집필하며

주지하듯, 한문독해漢文讀解는 동서東西와 고금古今을 막론한 난제難題이다. 동서양의 주요 한문 교육 관련 저술에도 모두 한문독해의 어려움을 기술하고 있다. 전문가들은 한문독해력의 신장을 위해서는 다양한 한문 문장을 독해하고 반복적으로 익혀, 그 속에서 한문의 특성을 체득體得하는 길 이외의 왕도王道는 없다고 말한다.

그러나 이 말을 뒤집어 곱씹어보면, 다양한 한문 문장의 특성을 패턴pattern으로 정리하여 한문 입문자들에게 제공한다면 그들의 한문독해력 신장에 도움을 줄 수 있다는 것도 잘못된 생각은 아닐 것이다. 게다가 최근 학교나 사회에 서구적西歐的 학습과정을 거친 이들이 대부분이라는 점을 고려해본다면, 이러한 방법은 그들의 한문독해력 신장에 분명 도움을 주고, 한편으로는 그들의 요구에 부응할 수 있을 것이다.

우선 본 연구진은 한문 문장의 패턴pattern 학습에 주목하여 한문 문장의 기본 패턴을 연구하고자 하였다. 그러나 그 기초 과정에서 한문은 운문韻文과 산문散文, 경사자집經史子集의 차이가 확연하고, 산문에도 사서오경四書五經, 당송고문唐宋古文, 사서史書, 실용문서 등 문체와 난이도 등이 다양하다는 문제가 발생하였다.

이 때문에 한국의 연구서나 참고서는 물론이거니와, 가깝게는 중국과 일본 등 한문문화권의 연구서, 멀리는 영어권의 한문 연구서와 교재를 참고하여 내용을 검토·분석하였다. 그 결과 국가마다 한문고전에 대한 중요도는 각각 달랐지만 대체로 가장 중요시하는 텍스트가 바로 '사서四書'라고 결론 내렸다.

따라서 연구진은 다양한 정보화 기술을 활용하여 사서四書·몽학서蒙學書 등 한문漢文 기본서의 약 11만 자字의 원문과 그 해석을 데이터베이스Database로 구축하여 '사서'를 중심으로 패턴을 추출하였다. 패턴 선정을 위해 여러 한문 연구서와 근대 이후로 최근까지의 교재를 참조하였는데 그 가운데 몇몇 교재에서 많은 도움을 받았다. 우선 영미권의 대표적 서적인 《Outline of Classical Chinese Grammar》(Edwin G. Pulleyblank, University of British Columbia)와 《A New Pratical Primer of Literary Chinese》(Paul Rouzer, Harvard East Asian MonoGraphy)를 참고하였고, 중국과 일본의 《古代漢語》(王力, 中華書局), 《漢文入門》(小川環樹·西田太一郞, 岩波書店) 등 다종의 서적을 참조하여, 먼저 구축한 DB와 비교 분석 과정의 실증적 과정을 거쳤다.

또한 '맹자孟子'에 나오는 다양한 개념槪念이 한문 문장을 이해하는 기본 소양素養이 된다는 점에 주목하여 각각의 예문例文 선정 시에는 상기 서적들과 '사서'를 중심으로 한 다양한 논문집들을 참조하여 핵심 개념을 익힐 수 있도록 문장을 선정하였다.

아울러 서구의 한문학습 방법을 구문이나 패턴에 의한 이성적理性的이며 분석적 방법으로 본다면, 우리는 현토懸吐와 송독誦讀이라는 특수한 형태인 감성적感性的 방법으로 한문을 익혀왔다고 점에 주목하였다. 즉, 한국의 한문학습 방법은 중中·일日이나 서구西歐의 그것과 달랐다는 점이다.

특히 현토懸吐를 통한 학습 효과에 대한 평은 차치하더라도, 현토가 제시된 한문 문장의 정확한 한문독해를 위해서는 현토에 대해 이해가 필요하다는 것은 자명自明한 사실이다. 이에 전통 한문독해의 방법인 현토의 쓰임과 현토와 한자의 관계에 대한 해설을 수록하여 전통학습의 장점을 수용하고자 하였다.

한편 연구팀에서는 '맹자孟子'의 패턴과 '맹자'가 가진 다양한 개념, 현토懸吐 등 문장 독해를 위한 다양한 내용을 하나의 교육용 콘텐츠에 담아냄과 동시에, 이를 각 소단원별로 QR코드를 통해 소프트웨어와 연결하여 연수의 편의를 돕고자 하였다. 이 소프트웨어에서는 독음讀音 익히기, 따라읽기, 듣기, 구두句讀 끊기, 패턴 찾기, 축자逐字 익히기 등등 다양한 연수 기능을 제공하고 있다.

본회는 '한문독해첩경시리즈' 중 《논어독해 첫걸음》에 이어 《맹자독해 첫걸음》을 내놓았다. 뒤따르게 될 《대학·중용독해 첫걸음》 구성에는 더 심사숙고하고 치밀하게 준비하고자 한다. 또한 별도로 준비하고 있는 중국어·일어·영어권 학습자들을 위한 한문독해 콘텐츠도 그 준비에 만전을 기할 것이다.

끝으로 바쁜 시간 쪼개어 자문해주신 원로 선생님들, 초고를 일독해주신 검토위원진, 시강試講을 수차례 반복해오신 교육연구진, 축자逐字 DB 구축에 참여한 연구보조원들과 검토해주신 선생님들께 감사의 마음을 전하며, 앞으로 계속 한문교육 전문가 여러분의 조언助言을 바란다.

2025년 중추仲秋에 낙원동에서

연구집필위원 일동

일러두기 및 연수방법

1. 이 책에 대하여

1) 이 책은 "한문독해첩경 시리즈"의 7번째 책이다.

시리즈의 첫 책인 《한문독해기본패턴》(이하 '《기본패턴》')을 2회 이상 정독한 수준으로 난이도를 고려함.

2) 사서독해 학습자를 위한 교재이다.

이 책은 '맹자孟子'의 주요 문장과 패턴을 집중 학습하여 단기간에 한문독해력漢文讀解力을 향상시킬 수 있도록 한 연구서임.

3) 정보화 기술을 활용한 '스마트북SmartBook'이다.

교수-학습의 효율성을 제고하기 위하여 '정보화 기술을 활용한 스마트북'임.

2. 구성 특징

1) 다음과 같은 분야를 주요 학습의 범주로 구성하여 제시하였다.

(1) 개념어 및 성어成語 : 각 페이지 상단에는 유학儒學의 기본 개념어와 관련 성어를 제시하고, 페이지의 중간에는 대중적인 성어와 그 풀이를 배치함.

(2) 구문 패턴 : 원문의 옆에는 문장 독해를 위한 주요主要 패턴을 제시하고, 상단上段에는 중심 패턴을 어휘에 이어서 제시함.

(3) 자의字義 : 페이지 하단에 실제 문장에서 사용된 한자의 훈음訓音을 제시함.

(4) 현토懸吐 : 원문에 현토하고 부록에 현토를 이해할 수 있도록 원문과 연계하여 설명을 제시함.

2) 교수-학습의 편의를 위해 문장에 각각의 본서 내의 일련번호와 편장절篇章節의 정보를 달았다.

(1) 전체 원문의 문장번호文章番號를 일련번호로 제시함.

(2) 본래의 편장절 정보를 표시하되, 한 개의 장이 여러 개의 절로 나뉜 경우 마지막 절에만 '〈梁惠王上 1:1~6〉(양혜왕 상 1장 1절~6절)'와 같은 형태로 제시함.

(3) 하나의 절節이 긴 경우에는 페이지를 분리하되, 분리된 앞부분의 끝에는 '〈계속〉'이라 표기하고, 뒷부분의 앞에는 일련번호 없이 ' … '만을 표기함.

3) 반복적인 학습이 가능하도록 유기적으로 구성하였다.

(1) 패턴이 처음 등장할 경우에는 문장의 하단에 패턴의 의미와 특징을 설명하고, 해당 패턴이 쓰인 문장의 일련번호를 제시하여 다양한 예문을 익힐 수 있도록 함.

단, 지면이 좁아서 처음 등장한 문장에 설명이 곤란한 경우에는 뒤에 설명이 있는 문장의 일련번호를 제시함.

(2) 이미 설명한 패턴이 재등장할 경우에는 기본 설명이 있는 문장의 일련번호를 다시 제시하여 패턴의 의미와 특징을 익힐 수 있도록 함.

4) 패턴의 복습과 암기에 도움이 되도록 단원별로 엄선된 연습문제를 제시하였다.

5) 현토懸吐의 쓰임과 풀이를 정리하여 부록에 제시하였다.

3. 구성 원칙

1) 패턴의 선정選定 기준은 다음과 같다.

(1) 주요 '허사虛辭' 중심의 '구句' 또는 '절節'의 '문형文型'인 것.

(2) 사서에 나오는 패턴이되, 다른 문헌에 자주 나오는 패턴을 중심으로 선정함.

2) 맹자孟子의 경문經文 872절(35,560자) 중에서 52절(5,816자)을 선정하였으며 원문 발췌拔萃의 기준은 다음과 같다.

(1) 맹자의 경문을 대상으로 함. - 경문의 약 19%

(2) 패턴 학습에 도움이 되는 확장성이 있는 문장을 선정함.

(3) 유학儒學의 개념어나 성어를 익힐 수 있는 문장을 선정함.

(4) 일부 현토 학습에 도움이 되는 문장을 선정함.

3) 원문의 현토懸吐 원칙은 다음과 같다.

(1) 우리나라 전통 방식으로 현토함.

(2) 경문經文은 교정청校正廳 언해諺解를 위주로 현토하고 율곡栗谷의 언해를 참고하여 필요에 따라 조정함.

(3) 집주集註는 집필진이 본회의 신역서 등을 참고하여 현토함.

4. 해설 기준

1) 번역문은 《기본패턴》의 직역直譯과 달리 자연스러운 번역문을 제시하고자 하였다.

(1) 《기본패턴》에서 사용되었던 '대명사代名辭의 반복적인 직역, 글자의 2회역' 등을 가급적 지양함. 자세한 내용은 《기본패턴》 참조.

2) 번역문만으로 문장 구조의 이해가 어려운 경우에는 다양한 해설解說을 제시하였다.

(1) 패턴이나 글자의 쓰임

(2) 직해시 축자 순서

(3) 의미 구분에 따른 끊거나 늘여 읽을 위치

3) 문법文法 용어의 사용을 지양止揚하였다.

4) 자주 쓰이는 성어는 원문의 아래에 의미 풀이를 제시하였다.

5) 주석注釋으로 고유명사나 개념어, 관용어, 난해어 등의 풀이를 번역문 좌우에 배치하였다.

6) 한자의 훈음訓音을 제시하였다.

(1) 본문의 하단에는 중학교용 한자(900자)의 초과 한자에 훈음 제시함.

(2) 특수한 훈음으로 사용된 경우에는 페이지 하단에 실제 문장에서 사용된 훈음을 제시함.

5. 문장 및 조판 부호

1) 본서에 사용된 주요 부호符號는 다음과 같다.

별점 원문에서 주요 패턴으로 사용된 한자.

윗점 주석이나 풀이가 있는 한자 및 한자어, 강조.(축자번호 등과 중복되는 경우에는 아랫점)

“ ” 대화, 각종 인용.

‘ ’ “ ” 안에서 재인용, 강조.

《 》 서명, 출전.

〈 〉 편장명 또는 작품명, 보충역.

[ ] 번역문과 뜻은 같으나 음이 다른 한자 및 자구, 번역 뒤에 인용한 원문.

( ) 생략 가능, 간주間註, 관련 문장의 일련번호

(解 ☞ 0) 패턴의 기본 설명이 제시된 문장.

(例 00) 해당 패턴이 사용된 예시 문장.

《한문독해기본패턴》에 지정된 패턴 및 번호.

본서에 새롭게 추가한 패턴.

※ 기타 주요 한자 및 패턴의 쓰임.

〈계속〉 뒷페이지로 하나의 절이 계속 이어짐.

… 앞페이지에서 하나의 절이 계속 이어짐.

ㆍ 끊거나 늘여서 읽을 위치.

숫자 직해 순서.

6. 연수 방법

연수의 방법은 '전체를 일독한 후 여러 번 반복해서 보는 경우, 처음부터 찬찬히 살펴보는 경우, 관심 있는 부분을 중심으로 먼저 살펴보는 경우' 등 각자의 습관에 따라 다양하다. 각자 편리한 방법으로 공부하더라도 아래의 몇 가지는 반드시 지켜야 독해력讀解力이 신장된다.

1) 번역을 보기 전에 원문을 여러 번 읽고 스스로 풀이한다.

(1) 여러 번 읽는 과정은 문장을 익숙하게 만들고 풀이 방법을 생각하는 과정임.

2) 교재에 풀이된 설명을 읽어서 완전히 자기 것으로 만든다.

(1) 문장에 대한 설명은 하나도 그냥 제시된 것이 없으므로, 왜 이런 설명을 넣었는지 생각함.

3) 소리 내어서 여러 차례 읽기와 쓰기를 반복한다.

(1) 최소한 10번 이상 소리 내어 읽고, 3회 이상 정성 들여 씀.

(2) 소리 내어 읽고 쓰는 과정은 머리에 각인되는 효과가 있음.

4) 스마트북 기능을 이용해서 반복 학습한다.

(1) 본 책은 QR코드를 통해 문장의 다양한 정보와 학습도구를 제시함.

(2) 이를 활용하면 연관되는 많은 내용을 알 수 있고, 다양하게 반복하여 학습할 수 있음.

(3) 읽어주는 원문과 뜻풀이도 반복해서 듣고, 따라 읽으면 많은 효과가 있음.

7. '스마트북'이란?

1) PC 및 Mobile 기기 등 정보화 기기를 이용한 교재의 다양한 학습 보완기능을 'Smartbook(스마트북)'이라 하였다. 이를 통하여 한문 학습·연수 교재의 새로운 지평을 제공하고자 한다.

2) 본 스마트북으로 도서의 모든 요소를 정보화하여 제공함은 물론, 그 밖의 학습요소를 추가 제공하여 학습에 도움을 주고자 한다.

3) 본서 스마트북의 정보제공 범위는 다음과 같다. ○ : 동일제공, ◎ : 확대제공

구분	내용	도서	스마트북	
			PC	Mobile
원문/현토	대상 원문과 현토	○	○	○
번역	번역문	○	○	○
직해 및 직해순	직해 및 번역하는 순서	○	◎	○
주석	주요 학습 어휘	○	◎	○
도판	삽화, 지도, 연표, 사적, 문물 등	○	◎	◎
음원音源	원문 및 번역문의 읽기, 듣기, 따라읽기 등		○	○

노트	프린터용 쓰기노트		○	
패턴	원문에 사용된 주요 구문構文 패턴 정보	○	◎	○
강좌	도서의 온라인 동영상 강의		○	○
책갈피	온라인 책갈피 기능		○	○
토론실	이용자의 토론공간		○	○

※ 일부 기능은 제작중이거나, 온라인 회원에 한하여 제공될 수 있음.

8. 스마트북 이용 방법

1) 본서는 각 단원별로 좌우측의 하단에 'QR코드'와 '단축기호'를 제공하고 있다.

2) 스마트북의 사용법은 다음과 같다.

(1) '스마트폰'을 사용할 경우 'QR코드'나 '단축주소'를 활용하여 접근한다.

※ QR코드를 이용할 때는 주요 포털 사이트의 App에서 제공되는 기능을 활용한다.

(2) PC를 사용할 경우 단원별로 제공된 '단축기호'를 활용하여 접근한다.

※ 단축주소 : "http://JTLink.kr/단축기호" (대소문자 무관)

목 차

맹자孟子

《맹자孟子》는 맹자와 그 제자들의 대화를 기술한 책으로, 〈양혜왕梁惠王〉·〈공손추公孫丑〉·〈등문공滕文公〉·〈이루離婁〉·〈만장萬章〉·〈고자告子〉·〈진심盡心〉의 7편篇으로 되어 있다. 맹자는 공자의 인仁에 의義를 덧붙여 인의를 강조했고, 왕도정치王道政治를 말했으며, 민의에 의한 정치적 혁명을 긍정하기도 하였다. 사람의 천성天性은 선善하며, 이 천성을 지키고 가다듬는 것이 도덕적 책무라는 성선설性善說을 주장하였다. 특히, 빈틈없는 구성과 논리, 박력 있는 논변論辨으로 인해 문장교범文章敎範으로도 높은 평가를 받아왔다. 이 때문에 사서 중에서 한문독해력 신장에 가장 중요한 책이다. 모두 14권卷 7책冊으로 이루어져 있다.

맹자孟子

1. 양혜왕梁惠王 상

不遠千里 利 仁義 # 何必A # 有以A

有以A : A할 것이 있다

何必A : 어찌 반드시 A하는가
A而已矣 : A일 뿐이다

1 孟子見梁惠王하신대

2 王曰 叟 不遠千里而來하시니 亦將有以利吾國乎잇가

3 孟子對曰 王은 何必曰利잇고 亦有仁義而已矣니이다

#19-1 有以A 無以A 亡以A : A할 것/수단이 있/없다

有以A는 有所以A의 축약형으로 無以A는 無所以A의 축약형으로 보며, '할 수 있다/없다' 또는 '할 것이 있다/없다'로 풀이한다. 이때는 以, 所以가 '까닭, 방법, 도구' 등을 의미한다.

有所A, 無所A로 쓰이기도 한다.

• 혜왕惠王 : 전국시대 위魏나라 왕. 무후武侯의 아들.

1 맹자孟子가 양 혜왕梁惠王을 만났는데,

- 진晉이 위魏·조趙·한韓의 삼진三晉으로 분리되었고, 뒤에 위가 대량大梁으로 천도遷都하였으므로 '양梁 땅의 혜왕'이라 하여 '양 혜왕'이라 불렀다.

2 왕이 말하였다. "노인장께서 천 리를 멀다 하지 않고 오셨으니, 또한 장차 내 나라를 이롭게 할 방법이 있겠습니까?"

3 맹자가 대답하여 말하였다. "왕은 하필何必 이利를 말하십니까. 또한 인仁과 의義가 있을 뿐입니다.

集註 仁者는 心之德이요 愛之理며 義者는 心之制요 事之宜也라 : '仁'이란 마음의 덕德이요 사랑의 원리이며, '義'란 마음의 제재요 일의 마땅함이다.

梁 들보 량 ; 나라 이름　叟 늙은이 수

CV17927

大夫　士庶人　萬乘　千乘　百乘　後義先利　# 何以A

4 王曰 何以利吾國고하시면 大夫曰何以利吾家오하며 士庶人曰 何以利吾身고하여 上下交征利면 而國이 危矣리이다 萬乘之國에 弑其君者는 必千乘之家요 千乘之國에 弑其君者는 必百乘之家니 萬取千焉하며 千取百焉이 不爲不多矣언마는 苟爲後義而先利면 不奪하여는 不饜이니이다

何以A : 어떻게 A하겠는가
A而B : A하면 B하다
苟A : 진실로/만약 A하면
不A 不B : A하지 않으면 B하지 못한다

#47 何以A　何爲A　何故A　何由A : 무엇으로써/어떻게 A하는가? 어찌하여/무슨 까닭으로 A하는가?

何가 以, 爲, 故, 由와 호응하여 '도구, 행위, 까닭' 등을 묻는 패턴이다. (例 21, 143)

4 왕이 '어떻게 하면 내 나라를 이롭게 할까?' 하시면, 대부大夫들은 '어떻게 하면 내 집을 이롭게 할까?' 하며, 사士와 서인庶人은 '어떻게 하면 내 몸을 이롭게 할까?' 하여, 윗사람과 아랫사람이 서로 이利를 취한다면 나라가 위태로워질 것입니다.

만승萬乘의 나라에 그 군주를 시해弑害하는 자는 반드시 천승千乘을 〈소유한〉 공경公卿의 집안이요, 천승의 나라에 그 군주를 시해하는 자는 반드시 백승百乘을 소유한 대부大夫의 집안이니, 만승에서 천승을 취하고 천승에서 백승을 취함이 적은 것은 아니지만, 만일 의義를 중하게 여기지[爲] 않고 이利를 우선시한다면, 빼앗지 않고는 만족하지 않을 것입니다.

- '萬取千焉 千取百焉'의 焉은 於此이며, '取千於萬 取百於千'의 도치형이다.
- 不爲不多의 爲는 서술어 '~이다'이며, '不爲(아니다) 不多(적은 것)'로 풀이된다.

- 대부大夫 : 벼슬 이름. 주대周代에 경卿·대부大夫·사士의 세 계급이 있었으며 각 계급은 또 상·중·하의 등급이 있었다. 당송唐宋시대까지 쓰임.
- 사서인士庶人 : 관리와 서민. 또는 선비와 백성.
- 만승萬乘 : 천자를 이르는 말. 천자는 천리의 땅에 병거兵車 10,000냥輛을 낼 수 있다 하여 이르는 말.
- 천승千乘 : 전국시대 제후국諸侯國 중에서 큰 나라.
- 백승百乘之家 : 100냥의 병거兵車를 낼 만한 채지采地를 가진 경대부卿大夫.

征 취할 정　弑 윗사람 죽일 시　焉 어조사 언　苟 진실로 구　饜 포식할 염

仁義 寡人盡心 河內 河東 隣國 用心 # A之於B也

未A也 : 아직 A하지 않다

5 未有仁而遺其親者也며 未有義而後其君者也니이다

A而已矣 : A일 뿐이다
何必A : 어찌 반드시 A하는가

6 王은 亦曰 仁義而已矣시니 何必曰利잇고 〈梁惠王上 1:1~6〉

A之於B也 : A가 B에 대하여
A耳矣 : A일 뿐이다

7 梁惠王曰 寡人之於國也에 盡心焉耳矣로니 河內凶이어든 則移其民於河東하고 移其粟於河內하며 河東이 凶이어든 亦然하노니 察鄰國之政컨대 無如寡人之用心者로되 鄰國之民이 不加少하며 寡人之民이 不加多는 何也잇고

#10 A之於B也 : A가 B에 있어서 ; A가 B를 대함에

'A之於B也'는 서술어가 생략된 패턴이다. 보통 '於' 앞에 '在'나 '對'가 있는 형태로 풀이한다.(例 22) '也'가 생략된 경우도 있다.(例 56)

5 어질면서[仁] 그 어버이를 버리는 자는 있지 않았으며, 의義로우면서 그 군주君主를 뒤로하는 자는 있지 않았습니다.

6 왕께서는 또한 인仁과 의義를 말할 따름이니, 하필 이利를 말하십니까."

7 양혜왕이 말하였다. "과인寡人이 나라에 마음을 다할 뿐이니, 하내河內가 흉년이 들면, 그곳의 백성을 하동河東으로 옮기고 그곳의 곡식을 하내로 옮겼으며, 하동이 흉년이 들어도 그렇게 했습니다. 이웃 나라의 정사를 살펴보건대, 과인처럼 마음을 쓰는[用心] 자가 없는데도, 이웃 나라의 백성이 더 줄어들지 않고, 과인의 백성이 더 많아지지 않음은 어째서입니까?"

- 위는 '無(7) 如(2) 寡人之(1) 用(3) 心(5) 者(4)(6)'의 순서대로 풀이한다. 鄰國之政을 주어로 보고 無如를 비교의 패턴으로 보아 '無(7) 如(6) 寡人之(1)(2) 用心(3) 者(5)'(과인의 마음 씀씀이만 못하더라)로 풀이하는 경우도 있으나 대체로 위처럼 풀이한다.

- 과인寡人 : 덕德이 적은 사람이라는 뜻으로, 군주君主가 자신을 겸양하여 이르는 말. 과덕지인寡德之人의 줄임말.
- 하내河內 : 황하黃河 이북 지역을 통틀어 이르던 말.
- 하동河東 : 황하黃河 동쪽 지역을 이르는 말.
- 용심用心 : 마음을 씀. 또는 전념함.

遺 버릴 유 寡 적을 과 粟 곡식 속 鄰(=隣) 이웃 린 加 더욱 가

好戰　五十步百步　# 以AB　# A何如

8 孟子對曰 王이 好戰하시니 請以戰喩하리이다 塡然鼓之하여 兵刃旣接이어든 棄甲曳兵而走호되 或百步而後에 止하며 或五十步而後에 止하여 以五十步로 笑百步면 則何如하니잇고 曰 不可하니 直不百步耳언정 是亦走也니이다 曰 王如知此시면 則無望民之多於鄰國也하소서 〈不違農時~王道之始也 생략〉

請A : A해보겠다
以AB : A로써 B하다
A何如 : A는 어떠한가?
直A耳 : 단지 A일 뿐이다
無A : A하지 말라
A於B : B보다 더 A하다

오십보백보五十步百步 : 전투에 패하여 50보步 달아난 사람이 100보 달아난 사람을 비웃음. 피차彼此의 차이는 있으나 본질적으로는 같음을 비유하는 말.

#11~13 以AB　A以B : A로써/를 B하다 ; A하여 B하다 ; B로써 A하다

'A로써/서 B하다'의 A以B는 以AB의 도치형 패턴이며, A以B의 以가 而의 의미로 쓰이면 'A하여 B하다'로 풀이된다. A·B의 위치가 도치되어 'B로써 A하다'로 풀이되는 경우도 있다.

※ 以는 한문의 독해에서 매우 쓰임이 많은 글자 중 하나이다. 以를 중심으로 앞뒤에 다른 한자가 결합되어 다양한 패턴을 이루는데, 以가 문장에서 보이면 어느 것인지를 잘 판단하여야 한다. 종종 以 앞뒤로 所, 爲 등의 한자가 생략된 것으로 보아야 쉽게 이해되는 경우도 있다.(解 ☞《기본패턴》, '以의 패턴')

#46 A何如　何如A　如A何　A奈何 : A는 어떠한가? ; 어찌하여 A하는가? ; A를 어찌해야 하는가?

'何如'의 목적어에 해당하는 말이 앞이나 뒤에 위치한 패턴이고, '如何'에 대명사 '之'가 목적어 대신 들어간 '如之何' 패턴이 있다.(例 32)

喩 비유할 유　塡 북소리 전　鼓 북 고　刃 칼날 인　棄 버릴 기　曳 끌 예
可 가할 가　直(≒但) 다만 직　鄰(=隣) 이웃 린

塡然 # 唯A爾

#72 唯A爾 直A耳 : 오직 A 뿐이다 ; 단지 A일 따름이다

앞서 제시한 한정을 뜻하는 부사와 한정을 뜻하는 허사가 다양하게 결합된 패턴이다.

#54 A於B A于B A乎B : B보다 더 A하다

'~보다 더'의 의미로 '於', '于', '乎'를 사용한다. '우등 비교'라고도 한다.(例 52, 53)

※ 여기서 잠깐! 《한문독해기본패턴》을 참조하세요.

위 '#54'는 《한문독해기본패턴》(이하 '《기본패턴》')에 지정된 패턴번호이다. 따라서 본서를 볼 때는 《기본패턴》의 설명과 예문을 함께 참고할 것을 권한다. 사용하는 기호는 다음과 같다.

#54 《기본패턴》의 패턴번호 ## 《기본패턴》 외의 패턴

※ 기타 주요 한자 및 패턴의 쓰임 - 문장 부연 설명

패턴은 가급적 해당하는 첫 문장에 설명하려 하였으나, 지면 배치를 고려하여 뒷쪽에 수록하거나 《기본패턴》의 해설을 축소·생략한 경우가 있다.

• 전연塡然 : 둥둥. 북소리.

8 맹자가 대답하여 말하였다. "왕이 전투를 좋아하시니 전쟁戰爭으로 비유를 해보겠습니다. 둥둥[塡然]! 북을 두드려서 병기와 칼날이 이미 맞붙은 뒤에 〈패敗하여〉 갑옷을 버리고 병기를 끌면서 달아나되, 어떤 이는 100보를 〈달아난〉 뒤 뒤에 멈추고 어떤 이는 50보를 〈달아난〉 뒤에 멈춰서, 50보 〈달아난〉 것으로서 100보 〈달아난〉 자를 비웃는다면 어떠합니까?"

〈왕이〉 말하였다. "옳지 않습니다. 다만 100보를 〈달아나지〉 않았을 뿐, 이 역시 달아난 것입니다." 〈맹자가〉 말하였다. "왕이 만약 이것을 안다면, 백성이 이웃 나라보다 많아지기를 바라지 마십시오.

- 여기의 請A는 'A해보겠다'로 풀이한다.(解 ☞ 71)

集註 塡은 鼓音也니 兵은 以鼓進하고 以金退라 : '塡'은 북소리이니, 군대는 북소리에 따라 전진하고 징소리에 따라 후퇴한다.

五畝之宅 衣帛 鷄豚狗彘 百畝之田 庠序 孝悌 頒白 黎民

9 五畝之宅에 樹之以桑이면 五十者 可以衣帛矣며 鷄豚狗彘之畜(휵)을 無失其時면 七十者 可以食肉矣며 百畝之田을 勿奪其時면 數口之家 可以無飢矣며 謹庠序之敎하여 申之以孝悌之義면 頒白者 不負戴於道路矣리니 七十者 衣帛食肉하며 黎民이 不飢不寒이요 然而不王者 未之有也니이다 〈梁惠王上 3 : 1,2,4〉

可以A : A할 수 있다
未AB : A를 B하지 않다

- 백묘지전百畝之田 : 정전법井田法에서 한 집이 국가로부터 받은 농지. 1정井(9백 묘畝)을 9등분하여 여덟 몫은 사전私田으로 경작하고, 가운데의 1백 묘는 여덟 집이 공동으로 경작하여 조세租稅로 공납함.

9 5묘五畝의 집터에 뽕나무를 심으면 50세 된 자가 비단옷을 입을 수 있으며, 닭, 돼지, 개, 큰 돼지를 기르면서 알맞은 때를 잃지 않으면, 70세 된 자가 고기를 먹을 수 있으며, 100묘百畝의 밭에 농사철을 빼앗지 않으면 몇 식구의 집안에 굶주림이 없을 수 있으며, 상서庠序(학교)의 가르침을 삼가서 효도와 공경[孝悌]의 의리로써 거듭한다면 반백頒白인 자가 도로에서 짐을 지거나 이지 않을 것입니다.

- 樹之以桑의 之는 五畝之宅을 가리키며, 以는 '~을/를'로 풀이한다.

70세 된 자가 비단옷을 입고 고기를 먹으며, 젊은 사람들[黎民]이 굶주리지 않고 추위에 떨지 않게 하고서, 그렇게 하고도 왕 노릇 하지 못하는 자는 있지 않았습니다.

- 然而不王者 未之有也니라 (1 2 4 3 5 8 6 7 9)
- 未AB는 부정문에서의 대명사 도치의 패턴이다. '未~'는 앞으로는 있을 수 있지만 과거부터 지금까지는 동작이나 행위가 아직 발생하지 않았다는 뜻으로 사용된다. '아직 ~하지 않다/없다'로 풀이하나 '아직'은 생략해도 된다.

- 상서庠序 : 지방의 관립 학교. 뒤에는 학교의 범칭으로 쓰임.
- 효제孝悌 : 어버이에게 효도하고 형장兄長에게 공손함. 또는 그러한 사람.
- 반백頒白 : 수염과 머리털이 희끗희끗함.
- 여민黎民 : 머리가 검은 젊은 이.

畝 이랑 묘　桑 뽕나무 상　帛 비단 백　豚 돼지 돈　狗 개 구　彘 돼지 체
畜 기를 휵　奪 빼앗을 탈　飢 주릴 기　謹 삼갈 근　庠 학교 상　悌 공손할 제
頒 나눌 반　負 질 부　戴 일 대　黎 검을 려

餓莩 # 有以A # 無以A

願A : A해보겠다

10 梁惠王이 曰 寡人이 願安承教하노이다

A以B : B로써 A하다
有以A : A한 것이 있다
無以A : A할 것이 없다

11 孟子對曰 殺人以梃與刃이 有以異乎잇가 曰 無以異也니이다

12 以刃與政이 有以異乎잇가 曰 無以異也니이다

13 曰 庖有肥肉하며 廐有肥馬요 民有飢色하며 野有餓莩면 此는 率(솔)獸而食人也니이다 〈梁惠王上 4 : 1~4〉

• 승교承教 : 가르침을 받는다는 뜻의 겸양어.

10 양혜왕이 말하였다. "과인寡人이 편안히 가르침 받들고자[承教] 합니다."
- 願A는 역시 'A해보겠다'로 풀이한다.(解 ☞ 71)

11 맹자가 대답하여 말하였다. "사람을 죽임에 몽둥이를 쓰는 것과 칼날을 쓰는 것이 차이[異]가 있습니까?" 〈왕이〉 말하였다. "차이가 없습니다."

12 〈맹자가 물었다.〉 "〈사람을 죽임에〉 칼날을 쓰는 것과 정치를 쓰는 것이 차이가 있습니까?" 〈왕이〉 말하였다. "차이가 없습니다."
- 여기의 有以異, 無以異는 '차이가 있다, 차이가 없다'로 의역하였으나, 직역하면 역시 '다른 것[所以]이 있다/없다'로 풀이한다.

• 아표餓莩 : 굶어 죽은 시체.

13 〈맹자가〉 말하였다. "〈왕의〉 푸줏간에는 살진 고기가 있고 〈왕의〉 마구간에는 살진 말이 있으면서, 백성들은 굶주린 기색이 있고 들에는 굶어 죽은 시체[餓莩]가 있다면, 이는 짐승을 몰아서 사람을 잡아 먹게 한 것입니다.

梃 몽둥이 정 刃 칼날 인 庖 부엌 포 肥 살질 비 廐 마구간 구 饑 굶주릴 기
餓 굶주릴 아 莩 굶어 죽을 표 率 몰 솔

率獸食人 爲民父母 # 其A乎

14 獸相食을 且人이 惡之하나니 爲民父母하여 行政호되 不免於率獸而食人이면 惡在其爲民父母也리잇고 〈梁惠王上 4:5〉

A於B : B를 A하다
惡A也 : 어찌 A하겠는가

15 仲尼曰 始作俑者其無後乎인저하시니 爲其象人而用之也시니 如之何其使斯民飢而死也리잇고 〈梁惠王上 4:6〉

其A乎 : 아마 A일 것이다
如之何其A也 : 어찌하여 A하는가

솔수식인率獸食人 : 짐승을 몰아다 사람을 잡아먹게 함. 학정虐政으로 백성을 해침을 비유함.
위민부모爲民父母 : 백성의 부모가 된다는 뜻으로, 임금을 이르는 말.

#76 其A乎 其A與 其A哉 : 아마/분명 A일 것이다 ; 혹시 A인가?

확신이나 추측, 반어 등에 쓰인 패턴으로 其는 '아마, 분명, 혹시' 등으로 풀이한다. 더 강조하는 경우에는 '분명, 정말, 참으로' 등으로 풀이하기도 한다. '~인저'의 형태로 현토懸吐된 것이 대개 여기에 해당한다.(例 32, 85)

14 짐승끼리 서로 잡아먹는 것도 사람들이 싫어하는데, 백성의 부모가 되어 정사를 행하되 짐승을 몰아서 사람을 잡아먹게 하는 것[率獸食人]을 면하지 못한다면, 그 백성의 부모 됨[爲民父母]이 어디에 있겠습니까.

15 중니仲尼께서 말하시길, '처음 용俑(나무인형)을 만든 자는 아마 후손이 없을 것이다.' 하셨으니, 사람을 본떠서 〈장례에〉 사용하였기 때문입니다. 〈그런데도〉 어찌 이 백성들로 하여금 굶주려서 죽게 한단 말입니까."

- 如之何其使斯民飢而死也에서 之는 其使斯民飢而死也를 가리키는 대명사로 未之有也(例 9, 100)의 之와 쓰임이 같다.
- 이때의 其와 也는 '其~也'로 사용되어 使斯民飢而死를 하나의 구句로 묶어주는 역할을 한다.

• 용俑 : 목우木偶. 나무로 만든 사람 형상의 인형을 말함.

惡 싫어할 오;어찌 오 率 거느릴 솔 獸 짐승 수 俑 나무인형 용 象 본뜰 상
爲 때문 위 飢 굶주릴 기

연습문제

▨ 밑줄 친 구절의 직역을 쓰시오.

☞ 3번 문장 참조 • 王은 何必曰利잇고 亦有仁義而已矣니이다

☞ 4 • 萬取千焉하며 千取百焉이 不爲不多矣언마는

☞ 9 • 五畝之宅에 樹之以桑이면 五十者可以衣帛矣며

▨ 풀이를 참조하여 □ 안에 알맞은 한자를 쓰시오.

☞ 2 • 叟不遠千里而來하시니 亦將□□利吾國乎잇가 : 어르신이 천 리를 멀다 하지 않고 왔으니, 또한 장차 내 나라를 이롭게 할 방법이 있습니까?

☞ 7 • 寡人之□國也에 盡心焉耳矣로니
: 과인이 나라에 마음을 다할 뿐이니

☞ 11 • 殺人□梃與刃이 有以異乎잇가
: 사람을 죽임에 몽둥이를 〈쓰는 것과〉 칼날을 쓰는 것이 차이가 있습니까

▨ 풀이를 참조하여 ( ) 안의 한자를 □에 바르게 나열하시오.

☞ 4 • □□□□□□고 : 무엇으로써 내 나라를 이롭게 할까? (以 吾 何 利 國)

☞ 5 • □□□□□□□□□니이다 : 의로우면서 그 군주를 뒤로하는 자는 아직 있지 않았습니다. (義 君 而 未 者 有 後 其 也)

☞ 14 • 不免於率獸而食人이면 □□□□□□□□리잇고 : 짐승을 몰아서 사람을 잡아먹는 것을 면하지 못한다면, 어디에 그 백성의 부모 됨이 있겠습니까. (其 爲 父 惡 母 也 在 民)

☞ 15 • 始作俑者□□□□인저 : 처음 용을 만든 자는 아마 후손이 없을 것이다. (無 乎 後 其)

梁惠王 晉 齊 秦 楚 # 莫A焉 # A於B

16 梁惠王曰 晉國이 天下莫强焉은 叟之所知也라 及寡人之身하여 東敗於齊에 長子死焉하고 西喪地於秦七百里하고 南辱於楚하니 寡人이 恥之하여 願比死者하여 一洒(세)之하노니 如之何則可니잇고

莫A焉 : 이보다 A한 것은 없다
A於B : B에게 A한 바 되다
願A : A하려 하다
如A何則B : A를 어찌하면 B하겠는가?

#63 A於B A乎B : B에게 A한 바 되다 ; B에게 A당하다

어떤 사물이 다른 사물에 의해 작동 되는 것을 표현한 문장 패턴이다.

16 양 혜왕梁惠王이 말하였다. "진晉나라가 천하에 막강함은 노인장도 아시는 바입니다.

- 본래 天下莫强焉의 焉은 於此의 축약형이다. 焉을 단순 종결사로 보면 '천하에 강한 것이 없다'가 된다. 반면 於此의 축약형으로 보면 晉國天下莫强焉이 天下莫强於晉國의 구조가 되어 의미가 적절해진다.(解 ☞ 144) 후세에는 莫強을 '더할 수 없이 매우 강하다'는 의미로 썼다.

과인寡人의 몸에 이르러, 동東으로는 제齊나라에 패하여 맏아들이 죽었고, 서西로는 진秦나라에게 칠백 리의 땅을 잃었고, 남南으로는 초楚나라에게 모욕을 당하였습니다. 과인이 이를 부끄러워하여 죽은 자들을 위하여 한번 설욕하고자 하니, 어떻게 하면 되겠습니까?"

集註 比는 猶爲也라 : '比'는 '爲(위하다)'와 같다.

- 진晉 : B.C. 1042 ~ B.C. 376. 주나라 무왕의 둘째 아들 당숙 우唐叔虞가 봉해진 나라.
- 제齊 : B.C. 1046? ~ B.C. 221. 춘추오패春秋五霸와 전국칠웅戰國七雄 중 하나.
- 진秦 : B.C. 900 ~ B.C. 221. 춘추오패와 전국칠웅 중 하나.
- 초楚 : B.C. 1042 ~ B.C. 223. 춘추오패와 전국칠웅 중의 하나.

强 강할 강 喪 잃을 상 辱 욕될 욕 恥 부끄러울 치 比 위할 비 洒 씻을 세

寡人 保民 釁鍾 不忍 觳觫 死地 # A而可以B

A而可以B : A라도 B할 수 있다

17 孟子對曰 地方百里而可以王이니이다 〈梁惠王上, 5:1~2〉

A乎哉 : A인가?

何由A也 : 무슨 까닭으로 A하는가?

18 曰 若寡人者도 可以保民乎哉잇가 曰 可하니이다 曰 何由로 知吾의 可也잇고 〈계속〉

※ '可'와 '可以'의 차이

①人可殺 ②王可以殺人

대개 우리 전통의 직해에서는 A可B를 'A를 B할 수 있다.'로 A可以B를 'A로써 B할 수 있다.'로 풀이한다. 따라서 ①을 '사람을 죽일 수 있다.' ②를 '왕은 (그것으로써) 사람을 죽일 수 있다.' 등으로 풀이한다. ②에서는 앞 A(문장, 어휘 등)가 가리키는 것이 '사건, 원인, 도구'가 되어 B하게 된다는 것이다. 즉 '以가 가리키는 내용 때문에 B할 수 있다'는 의미로 본다.

그런데 에드윈 풀리블랭크(Pulleyblank, Edwin G.)는 以를 조금 다른 관점에서 해설하였다. 그는 "타동사만이 직접 可 뒤에 놓일 수 있으며 이때 동사는 피동으로 해석되어야 하는데, '可의 주어'는 의미적으로는 동사(서술어)의 목적어이다. 따라서 ①은 '사람을 죽일 수 있다 = 그 사람은 살해될 수 있다.'는 의미이며, 반면 능동적인 의미를 표시하는 동사의 뒤에는 可以를 사용해야하므로 ②는 '왕은 사람을 죽일 수 있다'의 의미로 보아야 한다."라고 하여 피동(可)과 능동(可以)의 측면에서 설명하고 있다.

이 두 가지를 살펴보면 以에 대한 우리 전통의 이해와 서구의 이해가 접근 방식이 다를 뿐 이해의 결과가 유사함을 알 수 있다.

• 보민保民 : 백성을 보호함. 백성을 편안하게 함.

17 맹자가 대답하여 말하였다. "땅이 사방[方] 백 리만 되어도 왕 노릇 할 수 있습니다."

- A而可以B의 而는 '~라도'라고 풀이되는 가정의 패턴이다.

18 〈제 선왕齊宣王이〉 말하였다. "과인과 같은 자도 백성을 보호[保民]할 수 있습니까?" 〈맹자가〉 말하였다. "할 수 있습니다." 〈제 선왕이〉 말하였다. "무슨 연유로 내가 할 수 있다는 것을 아십니까?"

以羊易之 觳觫

… 曰 臣이 聞之胡齕하니 曰 王坐於堂上이어시늘 有牽牛而過堂下者러니 王이 見之하시고 曰 牛는 何之오 對曰 將以釁鍾이니이다 王曰 舍之하라 吾不忍其觳觫若無罪而就死地하노라 對曰 然則廢釁鍾與잇가 曰 何可廢也리오 以羊易之라하니 不識케이다 有諸(저)잇가

不忍A : A를 차마하지 못하다
A與 : A할까?
何A也 : 어찌 A하겠는가
A諸 : A하는가?

'諸'(저)의 쓰임

'諸'는 '之+乎, 之+於'의 두 축약형이 있다. '之+乎'의 형태는 '그것을 ~하는가?'의 뜻이며, '之+於'는 A諸B(=A之於B) 형태로 'B에서 그것을 A하다'의 뜻이다.

… 〈맹자가〉 말하였다. "신이 호흘胡齕에게 〈다음과 같은 말을〉 들었습니다.

왕이 당堂의 위에 앉아 계시는데, 소를 끌고서 당 아래를 지나가는 자가 있자, 왕이 그것을 보며 말하길, '소는 어디로 가는가?' 하니, 대답하여 말하길, '소를 가지고 흔종釁鍾하려 합니다.'

왕이 말하시길, '소를 놓아주어라. 나는 그 소가 두려워 부들부들 떨면서〔觳觫〕 죄없이 사지死地로 끌려가는 듯 함을 차마 〈볼 수〉 없다〔不忍〕.' 하시자, 대답하여 말하길, '그렇다면, 흔종을 폐지할까요?' 하니, 〈왕이〉 말하시길, '어찌 폐지할 수 있겠는가. 양으로 소를 바꿔라.' 하셨다 하더이다.

알지 못하겠으나, 그런 일이 있었습니까?"

- 吾不忍其觳觫若無罪而就死地하노라 (1 11 10 2 3 9 5 4 6 8 7)

- 호흘胡齕 : 제齊나라 선왕宣王의 신하.
- 흔종釁鍾 : 새로 주조한 종에 희생의 피를 바르고 신에게 제사 지내는 일.
- 곡속觳觫 : 두려워서 부들부들 떠는 모양.
- 사지死地 : 죽을 곳.
- 불인不忍 : 차마 하지 못함. 인정人情상 도저히 그럴 수 없음.

胡 오랑캐 호; 성씨　齕 깨물 흘; 사람 이름　牽 끌 견　釁 피 칠할 흔　鍾 쇠북 종
舍(≒捨) 놓아줄 사　觳 뿔잔 곡　觫 곱송그릴 속　廢 폐할 폐

編小

以A爲B : A를 B라고 여기다

19 曰 有之하니이다 曰 是心이 足以王矣리이다 百姓은 皆以王爲愛也어니와 臣은 固知王之不忍也하노이다

雖A : 비록 A라도
以AB : A로써 B하다

20 王曰 然하다 誠有百姓者로다마는 齊國이 雖褊小나 吾何愛一牛리오 卽不忍其觳觫若無罪而就死地라 故로 以羊易之也하니이다

'以AB'와 '以A爲B'의 관계

'以AB' A를/로써 B하다 → '以A爲B' A를/로써 B라고 여기다/말하다/삼다

'以A 爲B'는 '以AB'의 'B'가 '爲B'로 구체화 된 형태이다. 즉, '以A爲B'는 넓은 범주에서 '以AB'의 패턴에 속한다.

'A以B'와 'A以爲B'의 관계도 동일하다.

19 〈제 선왕이〉 말하였다. "그런 일이 있었습니다."

〈맹자가〉 말하였다. "이 마음이 왕 노릇 하기에 충분합니다. 백성들은 모두 왕이 〈재물이〉 아까워서라고 여기지만, 신은 진실로 왕이 차마 못 〈보겠어서 그랬다는〉 것을 압니다."

- 역시 '有~者'가 有의 범위이다.)

集註 愛는 猶吝也라 : '愛'는 '吝(아낌)'과 같다.

• 편소褊小 : 땅이 비좁음.

20 왕이 말하였다. "그렇습니다. 참으로 〈그렇게 생각할〉 백성이 있겠습니다만 제나라가 비록 좁고 작으나[褊小], 내 어찌 소 한 마리를 아끼겠습니까. 다만, 그 소가 두려워 부들부들 떨면서 죄없이 사지로 끌려가는 듯 함을 차마 〈볼 수〉 없었습니다. 그러므로 양으로 소를 바꾸게 한 것입니다."

- 卽은 '다만'으로 풀이하였다.

固 진실로 고 愛 아낄 애 忍 참을 인 褊 좁을 편 卽 다만 즉

以小易大 是誠何心哉

21 曰 王은 無異於百姓之以王爲愛也하소서 以小易大어니 彼惡知之리잇고 王若隱其無罪而就死地면 則牛羊을 何擇焉이리잇고 王이 笑曰 是誠何心哉런고 我非愛其財而易之以羊也언마는 宜乎百姓之謂我愛也로다

無A : A하지 말라
以A爲B : A를 B라고 여기다
以AB : A로써 B하다
惡A : 어찌 A하겠는가
若A則 : 만약 A하면
何A焉 : 어찌 A한가?
何A哉 : 무슨 A겠는가
A乎 : A하게

이소역대以小易大 : 작은 것으로 큰 것을 바꿈.

21 〈맹자가〉 말하였다. "왕은 백성이 왕이 재물이 아까워서 〈그렇게 했다고〉 여기는 점을 이상히 생각하지 마십시오.

- '無異於~'는 '~을 이상히 여기지 말라'로 풀이한다.
- 의문형으로는 '何以異於~'와 같은 문장이 있다.(例 43)

작은 것으로 큰 것을 바꾸었으니[以小易大], 저들이 어찌 그것을 알겠습니까. 왕이 만약 소가 죄 없이 사지로 나아가는 것을 측은히 여기셨다면, 소와 양을 어찌 택하였습니까?"

왕이 웃으며 말하였다. "그게 진실로 무슨 마음이었던가. 내가 재물이 아까워서 소를 양으로 바꾼 것이 아니었으나, 당연히 백성은 내가 재물이 아까워서 그랬다고 말하겠습니다."

- 宜乎A는 구조상 'A함이 마땅하다'로 풀이하는 것이 맞다. 그러나 어순을 따라 '당연히, 마땅히'로 먼저 풀이하는 것이 좋다.

集註 異는 怪也라 隱은 痛也라 擇은 猶分也라 : '異'는 괴이해함이다. '隱'은 애통해함이다. '擇'은 '分(분별함)'과 같다.

誠 진실로 성 隱 측은히 여길 은

仁術 君子遠庖廚 君子 不忍

無A : A하지 말라
未A : 아직 A하지 못하다
A之於B也 : A가 B에 있어서
不忍A : A를 차마하지 못하다

22 曰 無傷也라 是乃仁術也니 見牛코 未見羊也일새 니이다 君子之於禽獸也에 見其生하고 不忍見其死하며 聞其聲하고 不忍食其肉하나니 是以로 君子는 遠庖廚也니이다

군자원포주君子遠庖廚 : 군자는 푸줏간을 멀리함. 군자는 인애仁愛한 마음이 있어서 새·짐승의 죽어가는 소리를 차마 듣지 못해 멀리한다는 뜻.

※ 君子의 여러 뜻

①덕망이 높고 인품이 뛰어난 사람, ②벼슬자리에 있는 사람으로 '소인小人'과 '야인野人'의 상대어, ③임금을 이르는 말, ④아내가 남편을 이르는 말 등.

- 인술仁術 : 인덕仁德을 펴는 방법.
- 포주庖廚 : 주방.

22 〈맹자가〉 말하였다. "문제 될 것 없습니다. 이것이 곧 인仁을 〈행하는〉 방법〔仁術〕입니다. 소는 보았고 아직 양羊을 보지 않았기 때문입니다. 군자君子가 금수禽獸에 대해서 그 살아 있는 것을 보고서 차마 그 죽는 것을 보지 못하며, 〈죽으면서 울부짖는〉 소리를 듣고서 차마 그 고기를 먹지 못하니, 이 때문에 군자는 푸줏간〔庖廚〕을 멀리합니다."

- A之於B也는 'A가 B에 대하여'로 풀이한다. (解 ☞ 7)

集註 無傷은 言雖有百姓之言이나 不爲害也라 : '無傷'은 비록 백성들의 〈비난하는〉 말이 있으나 해가 되지 않음을 말한 것이다.

乃 곧 내　術 재주 술　禽 새 금　獸 짐승 수　庖 부엌 포　廚 부엌 주

忖度 夫子 戚戚 # A之所以B者C也

23 王이 說(열)曰 詩云 他人有心을 予忖度(탁)之라하니 夫子之謂也로소이다 夫我乃行之하고 反而求之호되 不得吾心이러니 夫子言之하시니 於我心에 有戚戚焉하여이다 此心之所以合於王者는 何也잇고

A之所以B者C也 : A가 B한 까닭은 C 때문이다
A於B : B에서 A하다
A何也 : A는 무엇인가?

#20 A之所以B者 C也 : A가 B한 까닭은 C 때문이다

위의 之, 所以, 者 등이 다중 결합하면 'A之所以B者는 C之所以D者/故也라'의 형태가 되는데, 'A가 B한 것(까닭)은 C가 D했기 때문이다'로 풀이한다.

또 所A者 以B也, 所以A 以B 등으로 글자들이 자유롭게 생략되기도 하며, 뒤의 '所以~'는 '爲~也, 所以~故也' 등으로 바뀌기도 한다. 주어 부분과 서술어 부분에 所以가 모두 그대로 나오는 구절은 보이지 않는다.

A者所以B也는 'A는 B하는 것이다'로 풀이되기도 한다.

※ 曰과 云의 차이

'曰'은 사람이 말하거나 이미 했던 말을 인용하는 경우에 쓰이고, '云'은 책에서 '이르다(말하다)'의 의미로 쓰이나, 실재로는 혼용하여 쓰이는 경우가 많다.

23 왕이 기뻐하며 말하였다. "《시경詩經》에 이르길, '다른 사람이 가진 마음을 내가 헤아린다[忖度]' 하니, 선생님을 말하는 것이군요.

- 他人有心을 '다른 사람이 마음을 가진 것을'로 직역하나, '다른 사람이 가진 마음을'로 풀이하는 것이 더 자연스럽다. 63과 함께 보라.

무릇 내가 이미[乃] 그것을 행하고서 돌이켜서 그 〈이유를〉 찾아보았으나 내 마음을 얻을 수 없었는데, 선생[夫子]이 그것을 말하시니 내 마음에 감동되는 것[戚戚]이 있습니다.

이 마음이 왕도王道에 부합되는 까닭은 무엇입니까?"

- 촌탁忖度 : 추측함. 짐작함.
- 부자夫子 : 남자에 대한 경칭.
- 척척戚戚 : 마음이 감동하는 모양.
- 왕도王道 : 인의仁義로 천하를 다스리는 유가儒家의 정치적 이상. 또는 임금으로서 마땅히 지켜야 할 도리.

刑(≒型) 모범 될 형 御 다스릴 어 予(≒余) 나 여 乃 이미 내 忖 헤아릴 촌
戚(≒慽) 근심할 척

百鈞　一羽　秋毫之末　輿薪

A則B : A 하면 B하다

24 曰 有復於王者曰 吾力足以擧百鈞이로되 而不足以擧一羽하며 明足以察秋毫之末이로되 而不見輿薪이라하면 則王은 許之乎잇가 曰 否라 〈계속〉

※ 可, 能, 得, 足의 쓰임

可, 能, 得, 足은 대개 '~할 수 있다.'라고 풀이하나 의미상 약간의 차이가 있다. 또 뒤에 以가 붙는 경우가 많다.

可는 허락, 긍정, 적합의 뜻으로 어떤 일을 할 수 있다거나 해도 좋다는 의미이다. 能은 능력과 재능이 있어 할 수 있다는 의미이다. 得은 현실적으로 실현 가능하여서 할 수 있다는 의미이다. 足은 만족할 만큼 충분히 할 수 있다는 뜻이다.

추호지말秋毫之末 : 가을철 짐승의 털 끝. 아주 미세하거나 사소한 것을 비유함.

- 백균百鈞 : 3,000근斤. 1균鈞은 30근. 매우 무거운 것을 형용하는 말.
- 일우一羽 : 하나의 깃. 매우 가벼운 물건에 대한 비유.
- 여신輿薪 : 수레에 가득 실은 섶. 사물의 외형적 부피가 커서 보기 쉬운 것을 비유.

24 〈맹자가〉 말하였다. "왕에게 아뢰는 자가 있어 말하길, '내 힘은 백 균百鈞을 들기 충분하지만 깃털 하나[一羽]를 들기에 충분하지 못하며, 시력이 가는 털끝을 살피는 데에 충분하지만 수레에 실은 땔감[輿薪]을 보지 못합니다.'라고 한다면, 왕은 그 말을 인정하시겠습니까?"

〈왕이〉 말하였다. "못합니다."

集註　復은 白也라 : '復'은 아룀이다.

復 아뢸 복　鈞 서른 근 균　羽 깃 우　毫 터럭 호　輿 수레 여　薪 땔나무 신

禽獸 用力 用恩 不爲不能 # A之不見B

… 今에 恩足以及禽獸로되 而功不至於百姓者는 獨何與잇고 然則一羽之不擧는 爲不用力焉이며 輿薪之不見은 爲不用明焉이며 百姓之不見保는 爲不用恩焉이니 故로 王之不王은 不爲也언정 非不能也니이다

A足以B : A로써 B할 수 있다
A之不見B : A가 B되지 못함

#61 **見(A)B 被(A)B : (A에게) B하게 되다 ; (A에게) B받다(당하다)**

被, 見이 사용되어 피동을 의미하는 패턴으로 대상인 A는 종종 생략되며, '爲~所'(解 ☞ 《기본패턴》 참조)와 於, 于, 乎(解 ☞ 16)가 있다.

※ 도치와 피동

위 一羽之不擧를 '깃털 하나를 들지 못하다(목적어+之(을/를)+서술어)'의 도치로 풀이하였으나, '깃털 하나가 들리지 못하다'의 피동으로 풀이가 가능한데, 문장 풀이시 주어에 따라 결정된다. 輿薪之不見도 같다.

또 百姓之不見保에만 피동의 見이 있는데, 一羽之不擧는 대상이 사물인 경우이고 百姓之不見保는 대상이 사람인 경우이다. 이 문장에 만약 見이 없다면 '백성이 보호하지 못하다'로 객체가 바뀔 수 있는데, 見이 있어 피동이 분명하게 드러났다.

〈맹자가 말하였다.〉 "지금 은혜가 금수禽獸에게 미치기에 충분하지만 공이 백성에게 이르지 않는 것은 유독 어째서입니까.

그렇다면 깃털 하나를 들지 못함은 힘을 쓰지[用力] 않기 때문이며, 수레의 땔감을 보지 못함은 시력을 사용하지 않기 때문이며, 백성이 보호받지 못함은 은혜를 베풀지 않기 때문입니다. 그러므로 왕이 왕 노릇 하지 못함은 하지 않아서[不爲]일지언정, 할 수 없어서[不能]가 아닙니다."

- 용력用力 : 힘을 씀. 기운이나 정력精力을 소모함.
- 불위不爲 : 하지 않음. 하려 하지 않음.
- 불능不能 : 할 수 없음. 재능이 없음.

爲 때문 위

挾山超海　王之不王　折枝　# 語A 曰B　# A非B A是C

A以B : A해서 B하다
語A曰B : A에게 일러 B라고 말하다
是A 非B : A이지 B가 아니다
A非B A是C : A는 B가 아니다. A는 C이다

25 曰 不爲者와 與不能者之形이 何以異잇고 曰 挾太山하여 以超北海를 語人曰 我不能이라하면 是는 誠不能也어니와 爲長者折枝를 語人曰 我不能이라하면 是는 不爲也언정 非不能也니 故로 王之不王은 非挾太山以超北海之類也라 王之不王은 是折枝之類也니이다

- 협산초해挾山超海 : 태산泰山을 겨드랑이에 끼고 북해北海를 뛰어 건넘. 불가능한 을 비유함.

#22 謂A曰B　語A曰B : A에게 B라 말하다 ; A를 평하여 B라 말하다

'A라는 사람에게 말하는 경우'와 'A를 타인에게 평하여 말하는 경우'이다.

대다수는 전자(例 86, 98, 108 등)이지만, 후자(例 141)가 간혹 있어 내용상 분별해야 한다.

※ 서술의 '是~'와 '非~'

是A 非B(A이지 B가 아니다), 非A 是B(A가 아니라 B이다), A非B A是C(A는 B가 아니다. A는 C이다) 등으로 다양하게 쓰일 수 있다.

25 〈왕이〉 말하였다. "하지 않는 것[不爲]과 할 수 없는 것[不能]의 모습이 어떻게 다릅니까?"

〈맹자가〉 말하였다. "태산太山을 끼고서 북해北海를 뛰어넘는 것을 사람에게 말하길 '나는 할 수 없다.'고 한다면, 이것은 참으로 할 수 없는 것이지만, 어른을 위하여 가지를 꺾는 것[折枝]을 사람들에게 말하길 '나는 할 수 없다.' 고 한다면 이것은 하지 않는 것이지, 할 수 없는 것은 아닙니다. 그러므로 왕王이 왕 노릇 하지 못하는 것은 태산을 끼고서 북해를 뛰어넘는 종류가 아닙니다. 왕이 왕 노릇 하지 못하는 것은 가지를 꺾는 종류입니다.

- '挾太山하여 以超北海'와 같이 '하여 以'의 以는 '~해서'로 풀이한다.

集註　形은 狀也라 挾은 以腋持物也라 超는 躍而過也라 : '形'은 형상이다. '挾'은 겨드랑이에 물건을 끼는 것이다. '超'는 뛰어서 지나가는 것이다.

- 태산太山 : 태산泰山.
- 북해北海 : 발해渤海
- 절지折枝 : 나뭇가지를 꺾음. 쉽게 할 수 있는 일을 비유하는 말. 일설에는 안마按摩의 뜻이라고도 하며, 또 다른 설은 枝는 肢와 통용으로 허리를 구부린다는 뜻.

挾 낄 협　超 뛰어넘을 초　折 꺾을 절　類 무리 류　腋 겨드랑이 액

運掌 寡妻 家邦 四海 # A諸B

26 老吾老하여 以及人之老하며 幼吾幼하여 以及人之幼면 天下를 可運於掌이니 詩云 刑于寡妻하여 至于兄弟하여 以御于家邦이라하니 言擧斯心하여 加諸(저)彼而已라 故로 推恩이면 足以保四海요 不推恩이면 無以保妻子니 古之人이 所以大過人者는 無他焉이라 善推其所爲而已矣라 今에 恩足以及禽獸로되 而功不至於百姓者는 獨何與니잇고 〈梁惠王上 7:4~12〉

A于B : B에게 A하다
A諸B : B에서 A하다
無以A : A할 수 없다
所以A者B : A한 까닭은 B이다
A何與 : A는 어째서인가

26 나의 노인老人을 노인으로 섬겨서 남의 노인에게 미치며 내 아이를 사랑하여 남의 아이에게 미치면, 천하를 손바닥에 놓고 움직일〔運掌〕 수 있습니다.

- 可運於掌은 본래 피동의 문장구조를 가졌다.

《시경詩經》에 이르길, '내 처〔寡妻〕에게 모범이 되어 형제에게 이르며, 그로써 집안과 나라〔家邦〕를 다스린다.' 하였으니, 이 마음을 들어서 저기에 놓을 뿐임을 말한 것입니다.

- A諸B는 'B에 A하다'로 풀이한다.

그러므로 은혜恩惠를 미루면 사해四海를 보전하기에 충분하고, 은혜를 미루지 않으면 처자식을 보호할 수 없으니, 옛사람이 일반인보다 크게 뛰어난 까닭은 딴 것이 없습니다. 그 하는 바를 잘 미루었을 뿐입니다.

지금에 은혜가 금수禽獸에게 미치기에 충분하면서도 공功이 백성에게 이르지 않는 것은 유독 어째서입니까."

- 운장運掌 : 손바닥 위에 가지고 놂. 매우 쉬움을 비유함.
- 과처寡妻 : 남에게 자기의 아내를 낮추어 이르는 말.

形 모범 형 御 다스릴 어 邦 나라 방

肥甘 輕煖 采色 聲音 便嬖

A與 : A한가?
A與… 抑B與 … : A인가? … 아니면 B인가? …
A足以B : A로써 B하기에 충분하다
豈A哉 : 어찌 A인가

27 曰 王之所大欲을 可得聞與잇가 王이 笑而不言하신대 曰 爲肥甘이 不足於口與며 輕煖이 不足於體與잇가 抑爲采色이 不足視於目與며 聲音이 不足聽於耳與며 便嬖不足使令於前與잇가 王之諸臣이 皆足以供之하나니 而王은 豈爲是哉시리잇고 〈계속〉

- 비감肥甘 : 맛있는 음식을 이르는 말.
- 경난輕煖 : 가볍고 부드러우면서 따뜻한 옷.
- 채색采色 : 화려하고 아름다운 빛깔.
- 성음聲音 : 음악. 시가詩歌.
- 편폐便嬖 : 임금을 가까이 모시며 사랑을 받는 신하.

27 〈맹자가〉 말하였다. "왕의 크게 바라는 바를 들을 수 있겠습니까?"

- 得은 '~할 수 있다'로 풀이한다.(解 ☞ 71, 95, 108)

왕이 웃으며 말하지 않자, 〈맹자가〉 말하였다. "살지고 단 음식〔肥甘〕이 입에 충분하지 않기 때문입니까? 가볍고 따뜻한〔輕煖〕 의복이 몸에 충분하지 않아서입니까? 아니면 채색采色이 눈으로 보기에 부족하며, 좋은 음악〔聲音〕이 귀로 듣기에 부족하며, 총애하는 자〔便嬖〕들을 앞에서 부리기에 부족해서입니까? 왕의 여러 신하가 모두 그것들을 충분하게 제공하니 왕이 어찌 이것 때문에 그러시겠습니까."

- 'A與 抑B與'는 여러 가지에서 어떤 것에 해당하는지를 묻는 패턴으로 抑의 앞뒤로 한 개 이상의 의문이 온다.

爲 때문 위　煖 따뜻할 난　抑 아니 억　采 채색 채　嬖 사랑할 폐　供 이바지할 공

中國 四夷 緣木求魚

… 曰 否라 吾不爲是也로이다 曰 然則王之所大欲을 可知已니 欲辟土地하며 朝秦楚하여 莅中國而撫四夷也로소이다 以若所爲로 求若所欲이면 猶緣木而求魚也니이다

〈梁惠王上, 7:16〉

A已 : A를 알겠다
欲A : A하고자 하다

연목구어緣木求魚 : 나무에 올라가서 물고기를 구함. 행동과 목적이 상반되어 수고롭기만 하고 소득이 없음을 비유함.

〈왕이〉 말하였다. "아닙니다. 나는 그것 때문이 아닙니다." 〈맹자가〉 말하였다. "그렇다면 왕이 크게 바라는 바를 알 수 있겠습니다. 영토를 개척[辟]하고 진秦나라와 초楚나라에게 조회를 받아 중국에 군림하여 사방 오랑캐를 어루만지고자 하시는 것입니다. 이와 같은 소행으로 이와 같은 소원을 구하려 한다면 나무에 올라가서 물고기를 찾는 것[緣木求魚]과 같습니다."

集註 若은 如此也라 : '若'은 이와 같음이다.

※ 결과·인지의 종결사

종결사 已는 보통 '~할 뿐이다'로 풀이하나 '~하다'로 풀이하는 경우도 있다. 또 그 의미에는 결과를 인지하여 알겠다는 뜻을 내포하는 경우가 많다.

焉(例 24-2), 已, 已矣, 也已, 也已矣(例 114) 등도 같은 경우이다.

爲 때문 위 辟 개척할 벽 秦 나라 이름 진 楚 초나라 초 莅 임할 리
撫 어루만질 무 夷 오랑캐 이 緣 올라갈 연

恒産 恒心 放辟邪侈 # A而B

願A : 바라건대 A하라
請A : A해보겠다
若A則 : A 같은 경우에는
苟A : 진실로/만약 A하면
無A 無B : A가 없으면 B가 없다
A而B : A를 B하다

28 王曰 吾惛하여 不能進於是矣로니 願夫子는 輔吾志하여 明以教我하소서 我雖不敏이나 請嘗試之호리이다 曰 無恒産而有恒心者는 惟士爲能이어니와 若民則無恒産이면 因無恒心이니 苟無恒心이면 放辟邪侈를 無不爲已니 及陷於罪然後에 從而刑之면 是는 罔民也라 焉有仁人이 在位하여 罔民을 而可爲也리오

#33 A而B : A를 B하다

'서술어+목적어'가 '목적어+而+서술어'의 순으로 도치된 패턴이다.

- 항산恒産 : 일정한 생업生業. 또는 토지·전원·가옥 등의 부동산.
- 항심恒心 : 늘 지니고 있는 착한 마음. 늘 지니고 있는 떳떳한 마음.

28 왕이 말하였다. "내가 어두워서 여기에 나아갈 수 없으니, 바라건대 부자는 나의 뜻을 도와 분명하게 나를 가르쳐주십시오. 내가 비록 민첩하지 못하나, 한번 〈가르침을〉 시험해보고 싶습니다."

- 願A는 '바라건대 A하라'이며, 請A는 'A해보겠다'의 의미이다.(解 ☞ 71)

〈맹자가〉 말하였다. "일정한 생업[恒産]이 없는데도 떳떳한 마음이 있는 것[恒心者]은 오직 선비만이 가능하거니와, 일반 백성의 경우에는 일정한 생업이 없으면 그로 인해 떳떳한 마음이 없게 됩니다. 만약 떳떳한 마음[恒心]이 없게 되면 방자하고 치우치고 사치한 짓을 하지 않음이 없습니다. 그리하여 죄에 빠지는 데에 이른 연후에 좇아서 그들을 벌하면, 이것은 백성을 그물질하는 것입니다. 어찌 어진 사람이 〈임금의〉 자리에 있으면서 백성을 그물질하는 짓을 행할 수 있겠습니까.

- 若A則을 'A와 같은 경우에는'으로 풀이할 때는 가정이 아닌 예시의 패턴이다.
- 無不爲已는 부정사가 중복된 이중 부정의 패턴이다.(解 ☞ 《기본패턴》 #37)

惛(≒昏) 어두울 혼 輔 도울 보 嘗 시험할 상 陷 빠질 함 罔(≒網) 그물질할 망

妻子 樂歲 終身 凶年 禮義

29 是故로 明君이 制民之産호되 必使仰足以事父母하며 俯足以畜(휵)妻子하여 樂歲에 終身飽하고 凶年에 免於死亡하나니 然後에 驅而之善이라 故로 民之從之也輕하니이다

A足以B : A로써 B하기에 충분하다

30 今也에 制民之産호되 仰不足以事父母하며 俯不足以畜(휵)妻子하여 樂歲에 終身苦하고 凶年에 不免於死亡하나니 此惟救死而恐不贍이어니 奚暇에 治禮義哉리오

奚AB哉 : 어떤 A에 B하겠는가

29 이런 까닭에 현명한 군주는 백성의 생업을 제정해주되, 반드시 위로는 부모를 섬기기에 충분하고, 아래로는 처자식을 기르기에 충분하게 하여, 풍년[樂歲]에는 일 년 내내 배부르고 흉년凶年에는 죽음을 면할 수 있게 합니다. 그러한 뒤에야 〈백성들을〉 몰아서 선善으로 가게 합니다. 그러므로 백성들이 따르기가 쉬운 것입니다.

– 驅而之善의 之는 '가다'의 의미로 쓰였다.

• 낙세樂歲 : 풍년豐年.
• 흉년凶年 : 농작물의 작황作況이 나쁜 해.

30 오늘날은 백성의 생업을 제정해주되, 위로는 부모를 섬기기에 부족하고 아래로는 처자식을 기르기에 부족하여, 풍년에는 일 년 내내 고생하고, 흉년에는 죽음을 면치 못합니다. 이 〈상황에서는〉 오직 죽음에서 구제하기에도 부족할까 두려운데, 어느 겨를에 예의禮義를 닦겠습니까.

• 예의禮義 : 예법과 도의.

制 제어할 제　俯 구부릴 부　畜 기를 휵　飽 배부를 포　驅 몰 구　輕 쉬울 경
恐 두려울 공　贍 넉넉할 섬　奚 어찌 해　暇 겨를 가　治 닦을 치

盍A

盍A : 어찌 A하지 않는가

31 王欲行之어시든 則盍(합)反其本矣니잇고 〈梁惠王上 7:19~22〉

31 왕이 이것을 시행하고자 한다면, 어찌 그 근본으로 돌아가지 않습니까."

- 盍A는 '어찌 A하지 않는가'로 풀이한다.

축자식 직역에서 '2회역'

'盍A'는 '何A乎'와 마찬가지로 '어찌 A인가?'로 직역하지만 한 글자씩 축자할 때 '乎'가 없어 '인가?'의 직역에 대응하는 한자가 따로 없으므로 '何'를 2번 짚어가며 직역하여야 한다.

'何(1)A(2)乎(3)'처럼 순차로 풀이하는 것과 '盍(1(3))A(2)'와 같이 2차례 풀이하는 것을 구분하여 짚어가면서 익히다 보면, 각각 낱자의 쓰임과 문장 구조의 차이를 살피는 습관을 가지는 데 도움이 된다.

雖	曰	未	學
①비록		②아직	③배우지
⑥더라도	⑤말하	④않았다	

여기서 雖는 '비록 ~라도', 未는 '아직 ~않다'로 2차례 직역한다.

주로 '의문·한정·가정'의 문장에서 '허사(乎, 哉, 則 등)가 없을 때'나 부정의 문장에서 '未' 등이 사용된 경우 2차례 풀이한다.

盍(≒何不) 어찌 아니할 합

연습문제

밑줄 친 구절의 직역을 쓰시오.

- 東敗於齊에 長子死焉하고 西喪地於秦七百里하고 <u>南辱於楚</u>하니 ☞ 16번 문장 참조
- 若寡人者도 <u>可以保民乎哉</u>잇가 ☞ 18
- <u>君子之於禽獸也</u>에 見其生하고 不忍見其死하며 ☞ 22
- 他人有心을 <u>予忖度之</u>라 ☞ 23

풀이를 참조하여 ☐ 안에 알맞은 한자를 쓰시오.

- 百姓은 皆☐王☐愛也어니와 : 백성은 모두 왕이 아까워서라고 여기지만 ☞ 19
- ☐小☐大어니 彼惡知之리잇고 : 작은 것을 큰 것으로 바꾸었으니 ☞ 21
- 夫子言之하시니 ☐我心에 ☐戚戚焉하여이다 ☞ 23

  : 선생이 그것을 말하시니 내 마음에 감동되는 것이 있습니다.

풀이를 참조하여 ( ) 안의 한자를 ☐에 바르게 나열하시오.

- 齊國이 雖褊小나 ☐☐☐☐☐리오 : 제나라가 비록 좁고 작으나, 내 어찌 한 마리 소를 아끼겠습니까? (愛 吾 牛 何 一) ☞ 20
- ☐☐☐☐은 不爲也언정 非不能也니이다 : 왕이 잘 다스리지 못함은 하지 않아서일지언정, 할 수 없어서가 아닙니다." (王 王 之 不) ☞ 24
- 不爲者와 與不能者之形이 ☐☐☐잇고 : 하지 않는 것과 할 수 없는 것의 모습이 어떻게 다릅니까? (異 何 以) ☞ 25

2. 양혜왕梁惠王 하

好樂　齊國　庶幾　世俗之樂　# 未有以A也

A於B : B를 A하다
A以B : B를 A하다
未有以A : A하지 못하다
A何如 : A는 어떠한가?
其A乎 : 아마 A일 것이다

32 莊暴見孟子曰 暴見於王하니 王이 語暴以好樂이어시늘 暴未有以對也하니 曰好樂이 何如하니잇고 孟子曰 王之好樂이 甚이면 則齊國은 其庶幾乎인저

A以B : B로써 A하다
A諸 : A하는가?
A乎B : B를 A하다
非A 直B耳 : A가 아니라 단지 B일 뿐이다

33 他日에 見於王曰 王이 嘗語莊子以好樂하시니 有諸잇가 王이 變乎色曰 寡人이 非能好先王之樂也라 直好世俗之樂耳로소이다 〈梁惠王下 1:1~2〉

CV17958

莊 씩씩할 장 ; 성씨　暴 사나울 포　庶 거의 서　幾 거의 기　直 다만 직

#19 所以A : A하는 것 ; A하는 도구 ; A한 까닭 ; A하는 방법

所以를 뒤의 서술어가 꾸미는 패턴이다.

所가 생략되고 以만 사용되어 有以A, 無以A, 未有以A, 亡以A의 형태로 사용되기도 한다.

또 所以가 者와 결합하여 복합적인 구조를 만들기도 한다.(解 ☞ 23)

#46 A何如 何如A 如A何 A奈何 : A는 어떠한가? ; 어찌하여 A하는가? ; A를 어찌해야 하는가?

'何如'의 목적어에 해당하는 말이 앞이나 뒤에 위치한 패턴이고, '如何'에 대명사 '之'가 목적어 대신 들어간 '如之何' 패턴이 있다.

32 장포莊暴가 맹자를 만나 말하였다. "내가 왕을 뵈니, 왕이 내게 음악을 좋아한다고 말하였으나, 나는 여기에 대답을 못했습니다. 음악을 좋아한다 말하는 것이 어떻습니까?"

– 未有는 '없다(無)'와 같으므로 未有以A는 곧 無以A와 같다.

맹자가 말하였다. "왕이 음악을 좋아함이 심하다면, 제齊나라는 아마 서의〔庶幾〕 다스려질 것이다."

- 장포莊暴 : 전국시대 제齊나라 사람. 선왕宣王 때의 대부大夫.
- 서기庶幾 : 거의.

33 다른 날에 〈맹자가〉 왕을 뵙고 말하였다. "왕이 일찍이 장자(장포)에게 음악을 좋아한다고 말했다 하니, 그런 일이 있습니까?"

왕이 얼굴빛을 고치며 말하였다. "과인이 선왕先王의 음악을 좋아하는 것이 아니라 단지 세속世俗의 음악을 좋아할 뿐입니다."

- 선왕先王 : 옛날의 훌륭한 임금.

疾首蹙頞　鼓樂　離散　# 使AB

使AB : A로 하여금 B하게 하다

34 今王이 鼓樂於此어시든 百姓이 聞王의 鍾鼓之聲과 管籥之音하고 擧疾首蹙頞而相告曰 吾王之好鼓樂이여 夫何使我로 至於此極也오하여 父子不相見하며 兄弟妻子離散하며 〈계속〉

질수축알疾首蹙頞 : 몹시 언짢아 이맛살을 찌푸리는 모양.

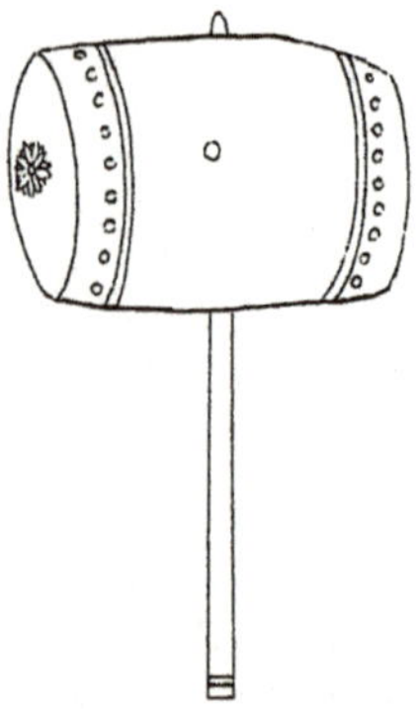

고鼓

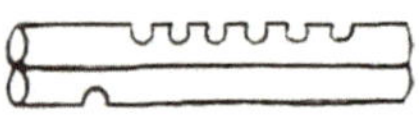

관管

- 종고鍾鼓 : 종과 북. 음악을 이름.
- 관약管籥 : 생황·퉁소 따위의 관악기.

34 지금 왕이 여기에서 음악을 연주하시면 백성들이 왕의 종소리와 북소리〔鍾鼓〕, 피리 소리와 젓대 소리〔管籥〕를 듣고는 모두 머리를 아파하고 이마를 찌푸리고서 서로 고하기를 "우리 왕이 음악을 연주하기를 좋아하는구나! 대저 어찌 나로 하여금 이런 〈곤궁困窮한〉 지경에 이르게 하는가."하여 부자父子가 서로 만나지 못하며 형제兄弟와 처자妻子가 떨어져 흩어지게 하며

- 曰의 범위를 '吾王之好鼓樂이여 ~ 兄弟妻子離散고하며'로 보기도 한다. 이때는 '吾王之好鼓樂이여 夫何使我로 至於此極也하여 父子不相見하며 兄弟妻子離散고하며…'라고 현토하고, '우리 왕이 음악을 연주하기를 좋아하는구나! 대저 어찌 나로 하여금 이런 〈곤궁한〉 지경에 이르게 해서 부자가 서로 만나지 못하며 형제와 처자가 떨어져 흩어지게 하는가.' 하며 …'로 풀이한다.

鼓 두드릴 고　鍾 쇠북 종　管 피리 관　籥 피리 약　疾 아파할 질　蹙 찌푸릴 축
頞 이마 알　離 떠날 리　散 흩을 산

車馬之音 羽旄之美 田獵 與民同樂 # 與A同B

… 今王이 田獵於此어시든 百姓이 聞王의 車馬之音하며 見羽旄之美하고 擧疾首蹙頞而相告曰 吾王之好田獵이여 夫何使我로 至於此極也오하여 父子不相見하며 兄弟妻子離散하면 此는 無他라 不與民同樂也니이다

與A同B : A와 함께 B하다

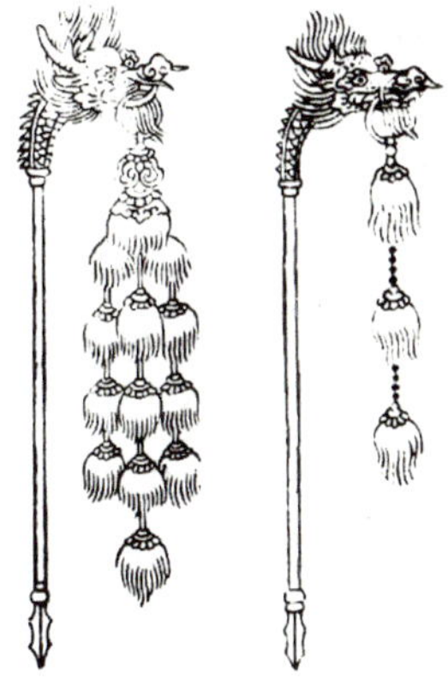

우羽 모旄

※ '與'의 쓰임

與는 ① 동사(서술어)로 쓰여 '함께하다, 주다(例 102)'를, ② 단어나 문장을 연결하는 접속사로 쓰여 'A와 B(例 47)'를, ③ 어조사로 쓰여 'A와 더불어, ~와 함께(例 80)'를, ④ 문장 끝에서 의문 또는 감탄으로 '~인가?, ~이구나'를 나타내는 경우 등으로 나눌 수 있다.

위의 문장은 ③의 경우로 與AB의 형태로 구문의 서술어가 B에 위치하는데 이 구문을 부정하는 不은 與의 앞에 위치('與民不同樂'이 아님)했다. 이는 與와 同이 하나의 짝을 이룬 與A同B 패턴의 진체부정이다.

여민동락與民同樂 : 백성과 함께 즐거워함.

지금 왕이 여기에서 사냥[田獵]하시면 백성들이 왕의 수레 소리와 말 소리를 듣고 새 깃과 들소 꼬리로 만든 깃발[羽旄]의 아름다움을 보고는 모두 머리를 아파하고 이마를 찌푸리고서 서로 고하기를, "우리 왕이 사냥을 좋아하는구나! 대저 어찌 나로 하여금 이런 〈곤궁困窮한〉 지경에 이르게 하는가."하여 부자父子가 서로 만나지 못하며 형제兄弟와 처자妻子가 떨어져 흩어지게 하면 이것은 다름이 아니라 백성과 함께 즐거워하지 않기 때문입니다.

- 曰의 범위에 따른 현토와 풀이의 차이는 앞과 동일하다.

- 전렵田獵 : 사냥.
- 우모羽旄 : 기旗를 이르는 말. 꿩 깃과 모우旄牛(들소)의 꼬리로 기를 장식한 데서 이르는 말.

田(늑畋) 사냥할 전 獵 사냥할 렵

鼓樂 喜色 田獵 車馬 羽旄 喜色 與民同樂 # 庶幾A

A然 : A하게
庶幾A與 : 아마 A일 것이다
與A同B : A와 함께 B하다

35 今王이 鼓樂於此어시든 百姓이 聞王의 鍾鼓之聲과 管籥之音하고 擧欣欣然有喜色而相告曰 吾王이 庶幾無疾病與아 何以能鼓樂(악)也오하며 今王이 田獵於此어시든 百姓이 聞王의 車馬之音하며 見羽旄之美하고 擧欣欣然有喜色而相告曰 吾王이 庶幾無疾病與아 何以能田獵也오하면 此는 無他라 與民同樂也니이다

〈梁惠王下 1:6~7〉

※ 현토 '~의'

앞에 오는 체언(명사류)이 뒤에 오는 체언(명사류)을 꾸밀 때 쓰였다.

#77 庶幾A 庶乎A 庶幾A與 庶乎A矣 : 아마 A일 것이다 ; 거의 A일 것이다 ; A를 바란다

추측이나 희망을 뜻하는 패턴이다. A가 생략되는 경우 문맥에 따라 해석한다.

• 흔흔연欣欣然 : 기뻐하는 모양. = 흔연欣然.

35 지금 왕이 여기에서 음악을 연주하시면 백성들이 왕의 종소리과 북소리, 피리소리와 젓대소리를 듣고 모두 흔연히[欣欣然] 기뻐하는 기색을 띠고서 서로 고하기를, "우리 왕이 아마도 질병이 없으신가보다. 〈그렇지 않다면〉 어찌 음악을 연주할 수 있겠는가." 하며, 지금 왕이 여기에서 사냥을 하시면 백성들이 왕의 수레소리와 말소리를 듣고 새 깃과 들소 꼬리로 만든 깃발의 아름다움을 보고는 모두 기쁜 기색을 띠고서 서로 고하기를, "우리 왕이 아마도 질병이 없으신가보다. 〈그렇지 않으면〉 어찌 사냥을 할 수 있겠는가." 한다면 이는 다름이 아니라 백성과 함께 즐거워하기 때문입니다.

欣 기쁠 흔

芻蕘 雉兎

36 曰 若是其大乎잇가 曰 民이 猶以爲小也니이다 曰 寡人之囿는 方四十里로되 民이 猶以爲大는 何也잇고 曰 文王之囿 方七十里에 芻蕘者往焉하며 雉兎者往焉하여 與民同之하시니 民이 以爲小 不亦宜乎잇가

〈梁惠王下 2:2〉

A以爲B : A를 B라고 여기다
與A同B : A와 B를 함께하다
不亦A乎 : 또한 A하지 않겠는가

36 〈제나라 선왕이〉 말하였다. "이와 같이 그리 컸습니까?"

〈맹자가〉 말하였다. "백성들이 오히려 작다고 생각했습니다."

〈선왕이〉 말하였다. "과인의 동산은 사방 40리인데 백성들이 오히려 크다고 생각하는 것은 어째서입니까?"

〈맹자가〉 말하였다. "문왕文王의 동산은 사방 70리인데, 꼴 베고 나무 하는 자〔芻蕘者〕들이 그곳으로 가며, 꿩 잡고 토끼 잡는 자〔雉兎者〕들이 그곳으로 가서, 백성과 동산을 함께 이용하였으니, 백성이 작다고 생각함이 또한 당연하지 않겠습니까."

集註 芻는 草也요 蕘는 薪也라 : '芻'는 풀이요, '蕘'는 땔나무이다.

- 與民同樂은 '백성과 함께 즐거워하다', 또는 '백성과 즐거움을 함께하다'의 두 가지로 풀이할 수 있다. 여기서는 언해諺解에 따라 261은 與民同樂(2 1 3 4)의 순으로 풀이하고 262는 與民同之(2 1 4 3)의 순으로 풀이하였다. 이 경우 同의 쓰임이 앞은 부사어(함께)이고 뒤는 서술어(함께하다)이다.(解 ☞ 《기본패턴》 #5-1 참조)

- 추요자芻蕘者 : 꼴을 베고 땔나무를 하는 사람. 곧 나무꾼.
- 치토자雉兎者 : 꿩과 토끼를 잡는 사람. 곧 사냥꾼.

猶 오히려 유 囿 동산 유 芻 꼴 추 蕘 땔나무 요 雉 꿩 치

顧左右而言他

謂A曰B : A에게 일러 B라고 말하다
比其A也 : A함에 미쳐서는

37 孟子謂齊宣王曰 王之臣이 有託其妻子於其友而之楚遊者(한대) 比其反也하여 則凍餒其妻子어든 則如之何잇고 王曰 棄之니이다

38 曰 士師 不能治士어든 則如之何잇고 王曰 已之니이다

39 曰 四境之內 不治어든 則如之何잇고 王이 顧左右而言他하시다 〈梁惠王下 6 : 1~3〉

고좌우이언타顧左右而言他 : 좌우를 돌아보며 딴소리를 함. 말을 얼버무리며 대답하지 못하는 모양을 형용함. = 고이언타顧而言他.

- 선왕宣王 : 전국시대 제齊나라 군주. 성은 전田. 이름은 벽강辟疆. 시호는 선宣. 위왕威王의 아들. 재위 19년.
- 동뇌凍餒 : 추위에 얼고 굶주림.

37 맹자가 제齊나라 선왕宣王에게 일러 말하였다. "왕의 신하 가운데 자신의 아내와 자식을 친구에게 맡기고 초나라에 가서 논 사람이 있었는데, 돌아옴에 미쳐서 〈그 친구가〉 제 아내와 자식을 추위에 얼고 굶주리게[凍餒] 하였다면 그를 어찌하겠습니까?" 왕이 말하였다. "그를 버리겠습니다."

集註 比는 及也라 棄는 絶也라 : '比'는 미침이다. '棄'는 끊는(절교하는) 것이다.
- 比其反也는 及其反也와 같다.

- 사사士師 : 옥관獄官 추관秋官에 소속되어 송옥訟獄을 관장함.
- 사경四境 : 사방의 국경國境. 또는 온 나라.

38 〈맹자가〉 말하였다. "옥관獄官[士師]이 소속된 관원들을 다스리지 못한다면 그를 어찌하겠습니까?" 〈왕이〉 말하였다. "그를 그만두게 하겠습니다."

集註 已는 罷去也라 : '已'는 파면하여 떠나게 하는 것이다.

39 〈맹자가〉 말하였다. "온 나라[四境] 안이 다스려지지 않으면 그를 어찌하시겠습니까?" 왕이 좌우를 돌아보면서 다른 말을 하였다.

齊 제나라 제 宣 베풀 선 託 부탁할 탁 楚 초나라 초 凍 얼 동 餒 주릴 뇌
棄 버릴 기 境 지경 경 顧 돌아볼 고

齊宣王 湯 桀 武王 紂 弑君

40 齊宣王이 問曰 湯이 放桀하시고 武王이 伐紂라하니 有諸잇가 孟子對曰 於傳에 有之하니이다

A諸 : A인가?

41 曰 臣弑其君이 可乎잇가

42 曰 賊仁者를 謂之賊이요 賊義者를 謂之殘이요 殘賊之人을 謂之一夫니 聞誅一夫紂矣요 未聞弑君也니이다 〈梁惠王下 8 : 1~3〉

A者謂之B : A를 B라고 말하다
A謂之B : A를 B라고 말하다
未A : 아직 A하지 못하다

※ A(者)謂之B와 A之謂B에서의 之의 풀이법

謂之의 之(그것)는 대명사이고 之謂의 之(~을/를)는 어조사이다.

'賊仁者를 謂之賊이요'는 보통 '인을 해치는 사람을 그것을 적이라 이른다'로 직역할 수 있다. 그런데 대명사 之를 어조사처럼 '~을/를'로 풀이해서 '인을 해치는 사람을 적이라 이른다' 라고 풀이해도 된다.

40 제나라 선왕이 물어 말하였다. " '탕湯이 걸桀을 추방하고, 무왕武王이 주紂를 정벌했다.' 하니, 그런 일이 있습니까?"

맹자가 대답하여 말하였다. "옛 책[傳]《서경》에 그런 일이 있습니다."

- 諸는 의문형 종결사이다.

41 〈선왕이〉 말하였다. "신하가 자기 임금을 시해弑害해도 됩니까?"

42 〈맹자가〉 말하였다. "인仁을 해치는 사람을 적賊이라 이르고 의義를 해치는 사람을 잔殘이라 이르고 잔적殘賊한 사람을 일부一夫(한 사람의 남자)라 이르니 일부인 주紂를 주벌했다는 말은 들었고 임금을 시해하였다는 말은 듣지 못했습니다."

- 탕湯 : 상商나라를 세운 임금. 설契의 후예. 이름은 자리子履. 하夏나라의 걸桀을 정벌하고 왕위에 올라 국호를 상商이라 하고 박亳 땅에 도읍함.
- 걸桀 : 하夏나라 말의 폭군暴君. 이름은 이계履癸. 은殷나라의 주왕紂王과 함께 폭군의 뜻으로 쓰임.
- 주紂 : 은殷나라의 마지막 임금. 이름은 제신帝辛. 주紂는 시호諡號. 포학한 정치로 인심을 잃어 주 무왕周武王에게 살해됨.
- 일부一夫 : 한 사람의 남자.

湯 끓일 **탕**; 탕임금 放 추방할 **방** 桀 걸왕 **걸** 紂 주임금 **주** 弑 윗사람 죽일 **시**
賊 해칠 **적** 殘 남을 **잔** 誅 벨 **주**

璞玉 萬鎰 玉人 親上死長

使AB : A에게 B하게 하다
至於A : A에 이르러서는
何以A哉 : 무엇이 A하겠는가

43 今有璞玉於此하면 雖萬鎰이라도 必使玉人彫琢之하시리니 至於治國家하여는 則曰 姑舍女의 所學하고 而從我라하시면 則何以異於教玉人彫琢玉哉잇고
〈梁惠王下 9 : 2〉

A斯B : A하면 B하다

44 君行仁政하시면 斯民이 親其上하여 死其長矣리이다
〈梁惠王下 12 : 3〉

#67 A則B A卽B A斯B : A이면/하면 B이다/하다

접속 기능을 하는 허사가 문장의 사이에 위치하여 가정의 의미를 만든 패턴이다. 이때 '則, 卽, 斯'는 쓰임이 같은데 '則'이 가장 많이 쓰이고, '斯'도 많이 쓰인다.

- 박옥璞玉 : 돌 속에 들어 있는 아직 가공되지 않은 옥.
- 옥인玉人 : 옥장이.
- 조탁彫琢 : 옥이나 돌을 다듬고 조각함. 전의되어, 문장을 다듬고 수식함.

43 지금 여기에 박옥璞玉이 있다면 비록 〈옥의 값어치가 황금〉 10,000 일鎰이라도 반드시 옥공[玉人]으로 하여금 그것을 다듬고 조각하게 할 것입니다. 그런데 국가를 다스림에 이르러서는 '우선 네가 배운 것을 버려두고 나를 따르라' 하신다면 옥공에게 옥을 다듬고 조각하는 방법[彫琢]을 가르치는 것과 무엇이 다르겠습니까."

- 今有璞玉於此의 今은 '만약'으로 풀이하기도 한다.
- 教는 '가르치다'로 풀이한다. 사역형(~하게 하다)이 아니다.

44 임금이 어진 정사를 행하시면 백성들은 그 윗사람을 친애하여 그 상관을 〈위해〉 죽을 것입니다."

璞 아직 다듬지 않은 옥돌 박 鎰 무게 단위 일 姑 우선 고 女(≒汝) 너 여

3. 공손추公孫丑 상

公孫丑　管仲　晏子

45 公孫丑問曰 夫子當路於齊하시면 管仲晏子之功을 可復許乎잇가

A於B : B에서 A하다

46 孟子曰 子誠齊人也로다 知管仲晏子而已矣온여

A而已矣 : A일 뿐이다

#3 A於B　A于B　A乎B : B에게/에서 A하다 ; B를/와 A하다

'於, 于, 乎'가 사용되어 '술보' 또는 '술목보' 구조에 해당하는 패턴이다.

45 공손추公孫丑가 물어 말하였다. "선생님[夫子]께서 제齊나라에서 요직을 담당하시면, 관중管仲과 안자晏子의 공적을 다시 기대할 수 있습니까?"

集註　當路는 居要地也라 : '當路'는 요지要地(요직要職)에 거하는 것이다.

46 맹자가 말하였다. "그대는 진실로 제나라 사람이다. 관중과 안자만 알 뿐이로구나.

- 공손추公孫丑 : 전국시대 제齊나라 사람. 맹자의 제자.
- 부자夫子 : 스승에 대한 경칭.
- 관중管仲 : 춘추시대 제齊나라 영상潁上 사람. 이름은 이오夷吾.
- 안자晏子 : 안영晏嬰. 춘추시대 제齊나라 대부. 자는 중仲. 시호는 평平. 흔히 안평중晏平仲이라고 부름.

丑 추할 추 ; 사람 이름　管 대롱 관　仲 버금 중　晏 늦을 안 ; 성씨　許 기대할 허

CV17971

蹴然 先子 管仲 艴然 管仲 國政 功烈

A乎B : B에게 A하다
A乎B : B를 A하다

47 或이 問乎曾西曰 吾子與子路孰賢고 曾西蹴然曰 吾先子之所畏也니라 曰 然則吾子與管仲孰賢고 曾西艴然不悅曰 爾何曾比予於管仲고 管仲이 得君이 如彼其專也며 行乎國政이 如彼其久也로되 功烈이 如彼其卑也하니 爾何曾比予於是오하니라

- 증서曾西 : 증자曾子의 아들.
- 오자吾子 : 그대. 상대방을 높여 친근하게 부르는 호칭.
- 축연蹴然 : 불안해하는 모양.
- 선자先子 : 돌아가신 아버지. 여기는 증자를 지칭함.
- 발연艴然 : 발끈 성내는 모양.

47 어떤 사람이 증서曾西에게 물어 말하길, '그대[吾子]와 자로子路는 누가 나은가?' 하니, 증서가 불안해하며[蹴然] 말하길, 〈자로는〉 나의 선친[先子](증자曾子)이 경외하던 분이다.' 하였다. 〈혹자가〉 말하길, '그렇다면 그대와 관중管仲은 누가 나은가?' 하니,

- '吾子與子路孰賢'은 선택의문문으로서, 'A와 B 중에 누가(어느 것이) C한가?'로 풀이되며, 'A與B孰C ; A孰與BC ; A孰若BC' 등의 구조이다.

集註 先子는 曾子也라 : '先子'는 증자曾子이다.

증서가 발끈해서 불쾌해하며[艴然] 기뻐하지 않으며 말하길, '너는 어찌 곧 나를 관중에게 비교하는가. 관중은 임금의 신임을 저와 같이 독차지하였고, 국정을 수행하기를 저와 같이 오래하였는데도 공렬功烈이 저와 같이 낮으니, 너는 어찌 곧 나를 이런 사람에게 비교하는가.' 하였다."

集註 艴은 怒色也라 曾之言은 則也라 : '艴'은 성내는 빛이다. '曾'이란 말은 곧[則]의 뜻이다.

孰 누구 숙 蹴 찰 축 畏 두려워할 외 管 대롱 관;성씨 仲 버금 중 艴 발끈할 발 爾 너 이 曾 곧 증 予(≒與) 줄 여 專 오로지 전 卑 낮을 비

曾西 霸 晏子 王道 反手 # A由B

48 曰 管仲은 曾西之所不爲也어늘 而子爲我願之乎아

A之B : A가 B하다

49 曰 管仲은 以其君霸하고 晏子는 以其君顯하니 管仲晏子도 猶不足爲與잇가

以AB : A를 B하게 하다
不足A與 : A할 만하지 않겠는가

50 曰 以齊로 王이 由反手也니라 〈公孫丑上 1:1~6〉

A由B : A는 B와 같다

패도霸道 : 패자霸者의 정도政道를 말함. 고대의 성왕聖王의 덕화德化에 의한 정치를 왕도王道라 부르는 데 대하여, 천자天子의 힘이 쇠미衰微해진 춘추시대 이후부터, 패자와 힘이 있는 제후諸侯가 실력주의로 제후와 백성을 통어統御하려고 하는 정치를 패도라고 함.

48 〈맹자가〉 말하였다. "관중管仲은 증서曾西도 되려고 하지 않았던 자인데 그대는 내가 그것을 원한다 생각하는가?"

- 子爲我願之乎(1 5 2 4 3 6)의 爲는 '생각하다/여기다'의 의미이다.

49 〈공손추가〉 말하였다. "관중은 자기 임금을 패자霸者로 만들고 안자晏子는 자기 임금을 드러나게 하였으니, 관중과 안자도 오히려 되어 볼 만하지 않습니까."

50 〈맹자가〉 말하였다. "제齊나라를 가지고 왕 노릇 함은 손을 뒤집는 것[反手] 같이 〈쉽다〉."

- 패자霸者 : 제후의 우두머리. 또는 무력으로 나라를 통치하는 사람.
- 안자晏子 : 춘추시대 제齊나라 안영晏嬰의 존칭.
- 반수反手 : 손바닥을 뒤집음. 일이 매우 쉬움을 비유함.

管 대롱 관; 성씨　仲 버금 중　霸 으뜸 패　顯 나타날 현　齊 제나라 제
由(≒猶) 같을 유

鷄鳴狗吠 飢者 渴者

A乎B : B에 A하다
莫AB : A를 B하지 않다

51 夏后殷周之盛에 地未有過千里者也하니 而齊有其地矣며 鷄鳴狗吠 相聞而達乎四境하니 而齊有其民矣니 地不改辟(벽)矣며 民不改聚矣라도 行仁政而王이면 莫之能禦也리라

未有A於B也 : B보다 더 A한 것은 없다
A之B : A가 B하다

52 且王者之不作이 未有疏於此時者也하며 民之憔悴(췌)於虐政이 未有甚於此時者也하니 飢者에 易(이)爲食이며 渴者에 易爲飮이니라

#54 A於B A于B A乎B : B보다 더 A하다

'~보다 더'의 의미로 於, 于, 乎를 사용한다. '우등 비교'라고도 한다.(例 8, 53 등)

51 "하후夏后와 은殷과 주周의 전성기에도 땅이 천 리를 넘은 나라가 없었는데 제나라는 그만 한 땅을 소유했으며, 닭 울음과 개 짖는 소리가 서로 들려서 〈도성으로부터〉 사방 국경에 도달할 정도이니 제나라는 그만 한 백성을 소유했다. 땅을 더 개척하지 않으며 백성을 더 모으지 않아도 어진 정사를 행하고서 왕 노릇 한다면 이것을 막을 수 없을 것이다.

52 또 왕자王者가 나오지 않은 것이 이때보다 더 드문 적이 있지 않았으며, 백성이 학정虐政에 시달린 것[憔悴]이 이때보다 더 심한 적이 있지 않았으니, 굶주린 자에겐 밥이 되기 쉽고 목마른 자에겐 음료가 되기 쉬운 것이다.

– 未有는 無有와 함께 無로 풀이한다.

- 하夏 : B.C. 2070년경 ~ B.C. 1600년경 중국에서 처음으로 존재했다고 기록된 나라.
- 은殷 : 상商나라. B.C. 1600년경 ~ B.C. 1046년경. 역사적으로 실제로 존재한 최초의 중국 왕조. 은殷에 도읍하여 은나라로 부름.
- 주周 : B.C. 1046 ~ B.C. 256. 상나라를 이어 중국에 존재했던 나라.
- 왕자王者 : 왕도王道로 천하를 다스리는 군주.
- 학정虐政 : 포학하고 가혹한 정치.
- 초췌憔悴 : 고달픔. 시달려 지침.

吠 짖을 폐 改 더욱 개 辟 개척할 벽 疏 성길 소 憔 파리할 초 悴 파리할 췌
虐 모질 학 飢 주릴 기

置郵傳命 猶解倒懸 事半功倍 # 當A之時

53 孔子曰 德之流行이 速於置郵而傳命이라하시니

A於B : B보다 더 A하다

54 當今之時하여 萬乘之國이 行仁政이면 民之悅之 猶解倒懸也리니 故로 事半古之人이요 功必倍之는 惟此時爲然하니라 〈公孫丑上 1:10~13〉

當A之時 : A 때를 당하여

當A之時 A之時 : A 때를 당하여 ; A했을 때

과거 또는 현재의 특정 시기를 표현하는 패턴이다.(例 54, 83) 當時로 축약되기도 한다.

이와 대비하여 及其A也는 현재나 미래, 또는 가정에 사용한다.(解 ☞ 70)

사반공배事半功倍 : 일은 절반만 하고 공은 배라는 뜻으로, 적은 노력으로 많은 성과를 거둔다는 말.

53 공자께서 말하길, '덕이 유행하는 것이 파발마[置郵]로 명령을 전달하는 것[傳命]보다 빠르다.' 하시니,

集註 置는 驛也요 郵는 馹也니 所以傳命也라 : '置'는 역驛이요 '郵'는 역마이니, 명命을 전달하기 위한 것이다.

- 치우置郵 : 역말로 문서나 편지를 전달함. 또는 역참.
- 전명傳命 : 명령을 전함.

54 지금 같은 때를 당하여 만승의 나라가 어진 정사를 행하면 백성들이 기뻐함이 거꾸로 매달린 것을 풀어준 것과 같을 것이다. 그러므로 일은 옛사람의 반만 하고 공은 반드시 옛사람의 배가 되는 것[事半功倍]은 오직 지금만이 그렇게 할 수 있을 것이다."

- 民之悅之에서 앞의 之는 주격조사이고, 뒤의 之는 대명사이다.

置 역참 치 郵 역말 우 倒 거꾸로 도 懸 매달 현 倍 곱 배

勿正　勿忘　浩然之氣　揠苗助長　# 有A者

勿A : A하지 말라
無A : A하지 말라
若A然 : 마치 A처럼 하다
有A者 : A한 자가 있다

55 必有事焉而勿正하여 心勿忘하며 勿助長也하여 無若宋人然이어다 宋人이 有閔其苗之不長而揠之者러니 芒芒然歸하여 謂其人曰 今日에 病矣로라 予助苗長矣로라하여늘 其子趨(추)而往視之하니 苗則槁矣러라 〈계속〉

호연지기浩然之氣 : 공명정대하고 강건剛健하여 도의道義에 부합하고, 마음에 부끄러운 것이 없어서 조금도 흔들리거나 굽히지 않는 도덕적 용기를 이름.
알묘조장揠苗助長 : 곡식을 빨리 자라게 하려고 그 고갱이를 뽑아 올림. 무리하게 서두르다 도리어 일을 망치게 됨을 비유하는 말.

有A者 : A한 것/사람이 있다

有가 들어간 문장이 나오면 뒤에 者가 있는지를 살펴보는 것이 좋다. 대개 者가 있는 경우는 '有~者'가 하나의 범위임을 나타낸다.(例 37, 62 등)

55 〈호연지기浩然之氣를 기르는 자는〉 반드시 〈호연지기를 기르는〉 일에 종사하되 〈효과를〉 미리 기대하지〔正〕 말아서 마음에 잊지 말며, 억지로 조장助長하지도 말아서 〈어리석은〉 송나라 사람처럼 하지 말지어다.

송나라 사람 중에 모〔苗〕가 자라지 않음을 근심하여 그것을 뽑아 올린 자가 있었다. 〈그는〉 아무것도 모른 채〔芒芒〕 돌아와 자기 집 사람들에게 일러 말하기를, "오늘 피곤하다. 내가 모가 자라는 것을 도와주었다." 하였다.

그 아들이 달려가서 보니 모가 말라 있었다.

• 망망芒芒 : 바쁜 모양. 총망한 모양.

- 予(1)助(4)苗(2)長(3)矣(5)의 순서로 풀이한다. '내가 도와 모가 자랐다'가 아니다.

集註　正은 預期也라 : '正'은 미리 기약(기대)함이다.

宋 송나라 송　閔 근심할 민　苗 싹 묘　揠 뽑을 알　芒 황홀할 망　病 피곤할 병
予(≒余) 나 여　趨 달려갈 추　槁 마를 고

耘苗　# 非徒A 而又B

… 天下之不助苗長者寡矣니 以爲無益而舍之者는 不耘苗者也요 助之長者는 揠苗者也니 非徒無益이라 而又害之니라 〈公孫丑上 2:16〉

A之B者 : A 중에 B한 것
以爲A 而B : A라고 여겨서 B하다
非徒A 而又B : A할 뿐 아니라 또 B하다

#8-1 A之B者 : A 중에 B한 사람/것 ; B한 A ; B하게 A하다

A(주로 명사) 중에서 'B(주로 형용사)한 것' 또는 'B(행위)하는 사람/것'만을 한정하여 꾸미는 패턴으로 한문의 독특한 구조 중 하나이다.(例 118)

者가 생략되어도 유사하게 쓰는 경우가 있다.(例 67)

#7 非徒A 而又B : 단지 A일 뿐 아니라 또 B이다
豈徒A 又B : 어찌 다만 A뿐이겠는가? 또 B이다

한정이나 반어의 패턴 뒤에 허사 而又, 又가 사용되어 내용이나 의미가 확장된 패턴이다.

以(爲)A而B : A라고 하여/여겨서 B하다

'以爲A+A而B'의 형태인데, 爲가 종종 생략되므로 기억해두면 도움이 된다.

천하에 모가 자라는 것을 억지로 돕지 않는 자가 적으니, 〈호연지기를〉 무익하다고 여겨서 버려두는 자는 김매지 않는 자이고, 호연지기를[之] 억지로 도와 자라게 하는 자는 모를 뽑아올리는 자이니, 무익할 뿐이 아니라 또 그것을 해치는 것이다.

苗 싹 묘　寡 적을 과　耘 김맬 운　揠 뽑을 알

出類拔萃　不忍之心　先王　不忍之政　# A之於B

A之於B : A가 B에 있어서
A乎B : B에서 A하다
自A以B : A로부터 B로는
未有A於B也 : B보다 더 A한 것은 없다

56 有若曰 豈惟民哉리오 麒麟之於走獸와 鳳凰之於飛鳥와 泰山之於丘垤과 河海之於行潦에 類也며 聖人之於民에 亦類也시니 出於其類하며 拔乎其萃나 自生民以來로 未有盛於孔子也시니라 〈公孫丑上 2:28〉

57 孟子曰 人皆有不忍人之心하니라

以AB : A로써 B하다

58 先王이 有不忍人之心하사 斯有不忍人之政矣시니 以不忍人之心으로 行不忍人之政이면 治天下는 可運之掌上이니라

- 유약有若 : 춘추시대 노魯나라 사람. 공자孔子의 제자. 자는 자유子有.
- 기린麒麟 : 전설상의 동물 이름. 인수仁獸·서수瑞獸로 여겼고, 상서로움을 상징.
- 봉황鳳凰 : 전설상의 상서로움을 상징하는 상상의 새. 수컷은 봉鳳, 암컷은 황凰이라고 함.
- 불인不忍 : 차마 하지 못함. 인정人情상 도저히 그럴 수 없음.
- 선왕先王 : 옛날의 훌륭한 임금.
- 장상掌上 : 손바닥 위. 매우 쉬운 상황을 비유하는 말.

56 유약有若이 말하였다, "어찌 사람만 그럴뿐이겠는가. 기린麒麟이 달리는 짐승에 있어서와, 봉황鳳凰이 나는 새에 있어서와, 태산泰山이 언덕과 개미둑에 있어서와, 강과 바다가 길바닥에 괸 물에 있어서와 같으며, 성인이 사람에 있어서 또한 같다. 그 동류 중에서 뛰어나며, 무리 중에서 빼어났으나, 사람이 태어난 때부터 이래로 공자보다 더 훌륭한 분은 있지 않았다."

- A之於B는 서술어가 생략된 패턴이다.(解 ☞ 7, 22)

57 맹자가 말하였다. "사람들은 모두 남에게 차마 하지 못하는〔不忍〕 마음을 가지고 있다.

58 선왕先王이 남에게 차마 하지 못하는 마음이 있어 남에게 차마 하지 못하는 정사를 시행하였으니, 남에게 차마 하지 못하는 마음으로 남에게 차마 하지 못하는 정사를 행한다면, 천하를 다스리는 것은 손바닥 위〔掌上〕에 놓고 움직일 수 있을 것이다.

麒 기린 기　麟 기린 린　鳳 봉황 봉　垤 개밋둑 질　潦 길바닥에 괸 물 료
拔 빼어날 발　萃 무리 췌

惻隱之心 內交 # 所以A者

59 所以謂人皆有不忍人之心者는 今人이 乍(사)見孺子將入於井하고 皆有怵(출)惕惻隱之心하나니 非所以內(납)交於孺子之父母也며 非所以要譽於鄕黨朋友也며 非惡(오)其聲而然也니라

所以A者 : A한 까닭은
所以A也 : A 때문이다

※ '所以, 者' 등의 다중 결합
#21 所以A者 以B(也) 所A者 (以)B 所以A 以B

'A之所以 B者/也는 C之所以D者也/故也라'는 'A가 B한 것(까닭)은 C가 D했기 때문이다'로 풀이한다.(例 59, 90) 그러나 이처럼 주어 부분과 서술어 부분에 '所以'가 모두 그대로 나오는 구절은 보이지 않는다.

59 사람은 모두 남에게 차마 하지 못하는 마음을 가지고 있다고 말하는 까닭〔所以〕은 〈만일〉 지금에 사람들이 갑자기 어린아이〔孺子〕가 우물로 들어가려는 것을 보고는 모두 두려워하고〔怵惕〕 측은해 하는 마음〔惻隱之心〕이 들기 때문이다. 이것은 어린아이의 부모와 교분을 맺으려는〔內交〕 것도 아니며, 향당鄕黨과 벗들에게 명예를 구하려는 것도 아니며, 〈잔인하다는〉 악명惡名을 싫어하여 그런 것도 아니다.

- 유자孺子 : 어린아이. 아동.
- 출척怵惕 : 두려워하고 삼감. 몹시 두려워함.
- 측은지심惻隱之心 : 측은하게 여기는 마음.
- 납교內交 : 교분交分을 맺음.

集註 乍는 猶忽也라 怵惕은 驚動貌라 惻은 傷之切也요 隱은 痛之深也니 此卽所謂不忍人之心也라 內은 結이요 要는 求요 聲은 名也라 : '乍'는 '忽(갑자기)'과 같다. '怵惕'은 놀라 동요하는 모양이다. '惻'은 서글퍼하기를 간절히 함이요 '隱'은 아파하기를 깊이 함이니, 이것이 곧 이른바 사람을 차마 해치지 못하는 마음이란 것이다. '內'은 맺음이요, '要'는 구함이요, '聲'은 명예이다.

乍 잠깐 사 孺 젖먹이 유 怵 두려워할 출 惕 두려워할 척 惻 슬퍼할 측
隱 가여워할 은 內(≒納) 들일 납 譽 명예 예 黨 마을 당

惻隱之心 羞惡之心 辭讓之心 是非之心 # 無A 非B

無A 非B : A가 없으면 B가 아니다

60 由是觀之컨대 無惻隱之心이면 非人也며 無羞惡之心이면 非人也며 無辭讓之心이면 非人也며 無是非之心이면 非人也니라

61 惻隱之心은 仁之端也요 羞惡之心은 義之端也요 辭讓之心은 禮之端也요 是非之心은 知之端也니라

- 측은지심惻隱之心 : 측은하게 여기는 마음.
- 수오지심羞惡之心 : 부끄러워할 줄 아는 마음.
- 사양지심辭讓之心 : 양보할 줄 아는 마음.
- 시비지심是非之心 : 옳고 그름을 분별하는 마음.

60 이로 말미암아 본다면 측은지심惻隱之心이 없으면 사람이 아니며, 수오지심羞惡之心이 없으면 사람이 아니며, 사양지심辭讓之心이 없으면 사람이 아니며, 시비지심是非之心이 없으면 사람이 아니다.

- 부정이나 불가능 또는 금지의 문장이 대를 이루어 가정을 뜻하는 패턴이다. 부정을 의미하는 한자가 다양하게 쓰인다.

61 측은지심은 인仁의 단서端緖이고, 수오지심은 의義의 단서이고, 사양지심은 예禮의 단서이고, 시비지심은 지智의 단서이다.

集註 惻隱羞惡辭讓是非는 情也요 仁義禮知는 性也요 端은 緖也라 : '惻隱, 羞惡, 辭讓, 是非'는 정情이요, '仁, 義, 禮, 智'는 성性이요, '端'은 실마리이다.

惻 슬퍼할 측 隱 가여워할 은 羞 부끄러울 수 辭 사양할 사 知(≒智) 지혜 지

四端 四體 四海 # A猶B

62 人之有是四端也 猶其有四體也니 有是四端而自謂不能者는 自賊者也요 謂其君不能者는 賊其君者也니라

A之B : A가 B하다
A也B : A는 B이다
A猶B : A는 B와 같다

63 凡有四端於我者를 知皆擴而充之矣면 若火之始然하며 泉之始達이니 苟能充之면 足以保四海요 苟不充之면 不足以事父母니라 〈公孫丑上 6:1~7〉

苟A : 진실로/만약 A하면
A足以B : A로써 B하기에 충분하다

#51 A如B A若B A猶B A似B : A와 B는 같다 ; A는 B와 같다

'~와 같다'라는 뜻을 갖는 如, 若, 猶, 似가 서술어로 쓰인 패턴이다. '대등 비교'라고도 한다.

62 사람이 이 사단四端을 가지고 있음은 사지四肢[四體]를 가지고 있는 것과 같으니, 이 사단을 가지고 있으면서 스스로 〈인의仁義를〉 행할 수 없다고 말하는 자는 자신을 해치는 자이고, 그 임금이 〈인의를〉 행할 수 없다고 말하는 자는 그 임금을 해치는 자이다.

63 무릇 사단四端이 나에게 있는 것을 모두 넓혀 채울[擴充] 줄 알면 마치 불이 처음 타오르며 샘물이 처음 나오는 것처럼 〈처음은 미미하지만 끝에 가서는 성대할〉 것이니, 진실로 사단을 확충할 수 있다면 온 천하[四海]를 보전할 수 있고, 진실로 확충하지 못한다면 부모父母도 섬길 수 없을 것이다."

集註 擴은 推廣之意요 充은 滿也라 : '擴'은 미루어 넓히는 뜻이요, '充'은 가득함이다.

- 凡有四端於我者는 '무릇 사단이 나에게 있는 것을'로 직역하여야하나 문장을 자연스럽게 하기 위해 '무릇 나에게 있는 사단을'로 풀이하는 것이 더 자연스럽다. 23번과 비교하여 보라.

- 사단四端 : 인의예지仁義禮智 네 성性에 기인하여 발로되는 네 가지 마음. 곧 측은해하는 마음[惻隱之心], 부끄러워하는 마음[羞惡之心], 양보하는 마음[辭讓之心], 분별하는 마음[是非之心]을 일컫는 말.
- 사체四體 : 두 손과 두 발. 온 신체. 사지四肢.
- 사해四海 : 천하. 전국 각처.

謂 이를 위 賊 도둑 적 擴 넓힐 확 然(≒燃) 불탈 연 苟 진실로/만일 구

연습문제

밑줄 친 구절의 직역을 쓰시오.

☞45 · 夫子當路於齊하시면 管仲晏子之功을 可復許乎잇가

☞51 · 夏后殷周之盛에 地未有過千里者也하니

☞55 · 今日에 病矣로라 予助苗長矣로라

풀이를 참조하여 □ 안에 알맞은 한자를 쓰시오.

☞42 · 賊仁者를 謂□賊이요 : 인을 해치는 사람을 적이라 이른다.

☞55 · 非□無益이라 而又害之니라
: 단지 이로움이 없을 뿐이 아니고 또 그것을 해치는 것이다.

☞59 · 非□□要譽於鄕黨朋友也며
: 향당과 벗들에게 명예를 구하려는 까닭도 아니며

풀이를 참조하여 ( ) 안의 한자를 □에 바르게 나열하시오.

☞39 · 王이 □□□□□□하시다 : 왕이 좌우를 돌아보면서 다른 말을 하였다.
(右 左 言 而 顧 他)

☞48 · 管仲은 □□□□□□□어늘 而子爲我願之乎아 : 관중은 증서도 되려고 하지 않았던 자인데 그대는 내가 그것을 원한다 생각하는가?
(之 曾 西 爲 所 也 不)

☞58 · 治天下는 □□□□□이니라 : 천하를 다스림은 그것을 손바닥 위에서 움직일 수 있을 것이다.
(運 之 掌 上 可)

☞63 · 苟能充之면 □□□□□요 苟不充之면 不足以事父母니라 : 진진실로 확충하지 못한다면 부모도 섬길 수 없을 것이다.
(足 四 海 以 保)

4. 공손추公孫丑 하

天時　地利　人和　# A不如B

64 孟子曰 天時不如地利요 地利不如人和니라

A不如B : A는 B만 못하다

#53 A不如B　A未若B　A不若B : A가 B만 같지 않다/못하다

如, 若에 부정사가 보태져 A不如B, A未若B, A不若B의 형태로 '열등 비교'라고도 한다.

직역하면 'A는 B와 같지 않다'인데, 보통 'A가 B만 못하다'로 풀이한다.

- 천시天時 : 어떤 일을 하기에 매우 좋은 시기.
- 지리地利 : 지형지세地形地勢의 유리함.
- 인화人和 : 사람들의 마음이 서로 맞음. 인심이 화합함.
- 고허孤虛 : 점술占術 용어. 천간天干 10개와 지지地支 12개를 짝지었을 때, 남는 두 지지[孤]와 이에 상대하는 두 지지[虛]를 합하여 이르는 말.
- 왕상旺相 : 성명학星命學 용어. 오행五行을 네 계절에 안배하고, 매 계절에서 오행의 성쇠盛衰를 왕旺 · 상相 · 휴休 · 수囚 · 사死로 나타냄.

64 맹자가 말하였다. "천시天時는 지리地利만 못하고, 지리는 인화人和만 못하다.

集註　天時는 謂時日支干孤虛王相之屬也요 地利는 險阻城池之固也요 人和는 得民心之和也라 : '天時'는 시일時日의 간지干支에 대한 고허孤虛와 왕상旺相 같은 등속을 이르고, '地利'는 지형의 험조險阻함과 성지城池의 견고함이고, '人和'는 민심民心의 화和함을 얻음이다.

孟 맏 맹; 성씨

CV17990

城郭 池 兵革 米粟 # 非不A

A者B : A는 B이다
A不如B : A는 B만 못하다

65 三里之城과 七里之郭을 環而攻之而不勝하나니 夫環而攻之에 必有得天時者矣언마는 然而不勝者는 是天時不如地利也니라

非不A : A하지 않은 것은 아니다

66 城非不高也며 池非不深也며 兵革이 非不堅利也며 米粟이 非不多也로되 委而去之하나니 是地利不如人和也니라

#37 無不/無非/莫不/莫非/非不A : A 아님이 없다 ; A하지 않을 수 없다

부정사가 중복된 '이중 부정'으로 '강한 긍정'을 뜻하는 패턴이다.(例 28)

65 3리里 되는 작은 성城과 7리 되는 곽郭을 포위하여 공격해도 이기지 못하니, 무릇 포위하여 공격하다보면 반드시 천시天時를 얻을 때도 있으련마는 그런데도 이기지 못하는 것은 바로 천시가 지리地利만 못해서이다.

- 環 而(~해서) 攻之 而(~라도) 不勝

集註 郭은 外城이라 : '郭'은 외성外城이다.

- 해자垓子 : 성城 주위에 둘러 판 못. = 해자垓字.
- 병혁兵革 : 병기와 갑옷과 투구. 곧 병기와 군비軍備.
- 미속米粟 : 쌀과 조. 양식을 두루 이르는 말.

66 성城이 높지 않은 것도 아니며, 해자垓字가 깊지 않은 것도 아니며, 병기와 갑옷[兵革]이 견고하고 예리하지 않은 것도 아니며, 쌀과 곡식[米粟]이 많지 않은 것도 아닌데 이것을 버리고서 떠나니, 이는 지리地利가 인화人和만 못해서이다.

集註 革은 甲也라 粟은 穀也라 委는 棄也라 : '革'은 갑옷이다. '粟'은 곡식이다. '委'는 버림이다.

郭 외성 곽 環 둘러쌀 환 攻 칠 공 池 해자 지 粟 조 속 委 버릴 위

封疆之界　山谿之險　兵革之利

67 故로 曰 域民호되 不以封疆之界하며 固國호되 不以山谿之險하며 威天下호되 不以兵革之利니 得道者는 多助하고 失道者는 寡助라 寡助之至에는 親戚이 畔之하고 多助之至에는 天下順之니라

68 以天下之所順으로 攻親戚之所畔이라 故로 君子有不戰이언정 戰必勝矣니라 〈公孫丑下 1:1~5〉

A之所B : A가 B한 것은

※ 不以의 풀이법

不以에서 以는 '사용하다, 하다' 등의 서술어로 쓰인 경우(例 67, 86)와 '~로써'의 허사로 쓰이는 경우(例 90)가 있어 풀이에 주의해야 한다.

또 有以A, 無以A의 패턴과도 다른 점에 유의하자.

67 그러므로 말하길, '백성을 한계 짓되 국경의 경계[封疆]로 하지 않으며, 국가를 견고히 하되 산과 강의 험고함으로 하지 않으며, 천하天下를 두렵게 하되 병기와 갑옷의 예리함으로 하지 않는다.' 하니, 도를 얻은 사람은 도와주는 이가 많고, 도를 잃은 사람은 도와주는 이가 적다. 지극히 도와주는 이가 적을 경우[寡助之至]에는 친척도 그를 배반하고 지극히 도와주는 이가 많을 경우[多助之至]에는 천하 사람들이 순종한다.

- 寡助之至를 직역하면 '과조의 지극함에는'으로 풀이되나, 우리말로 옮길 때는 수식어와 피수식어를 바꿔야 자연스럽다.

68 천하 사람들이 순종하는 것으로 친척도 배반하는 자를 공격한 것이다. 그러므로 군자는 싸우지 않음이 있을지언정 싸우면 반드시 승리한다."

- 봉강封疆 : 변경. 국경 지대. 또는 영토 안의 땅.
- 천하天下 : 하늘 아래. 중국의 전토全土. 또는 한 나라의 안.

域 지경 역　封 봉할 봉　疆 지경 강　谿 시내 계　險 험할 험　寡 적을 과
戚 친척 척　畔(≒叛) 배반할 반

勸齊伐燕　天吏　　# 勸AB

勸AB : A에 권하여 B하게 하다
A諸 : A인가?
A與 : A한가?
如A則 : 만약 A하면
孰A : 누가 A한가?
將A : 장차 A하려 하다

69 齊人이 伐燕이어늘 或이 問曰 勸齊伐燕이라하니 有諸잇가
曰 未也라 沈同이 問燕可伐與아하여늘 吾應之曰 可라하니 彼然而伐之也로다 彼如曰 孰可以伐之오하면 則將應之曰 爲天吏則可以伐之라하리라 今에 有殺人者어든 或이 問之曰 人可殺與아하면 則將應之曰 可라하리니 〈계속〉

#65 遣AB　命AB　勸AB　說(세)AB : A를 보내어/명하여/권하여/설득하여 B하게 하다

遣, 命, 勸, 說 등 본래 사동을 뜻하는 한자가 사용된 패턴이다.

- 심동沈同 : 전국시대 제 선왕齊宣王의 신하.
- 천리天吏 : 천명을 받들어 백성을 다스리는 사람.

69 제齊나라 사람이 연燕나라를 정벌하자, 어떤 사람이 물어 말하였다. "제나라에 권하여 연나라를 정벌하게 하였다 하니 그런 일이 있습니까?"

〈맹자가〉 말하였다. "아니다. 심동沈同이 '연燕나라를 정벌해도 됩니까?' 하고 묻기에, 내가 대답하기를 '해도 된다.' 하였다. 그러자 그가 〈내 말을〉 옳게 여겨 그 나라를 정벌한 것이다. 그가 만약 '누가 그것을 정벌할 수 있는가?' 하고 물었다면 장차 '천리天吏가 되면 정벌할 수 있을 것이다.' 라고 대답했을 것이다.

지금 사람을 죽인 자가 있는데, 어떤 사람이 나에게 묻기를, '〈사람을 죽인 자를〉 죽여도 되는가?' 하면 장차 '죽여도 된다.'고 대답할 것이다.

燕 연나라 연　沈 성씨 심　然 옳게 여길 연　孰 누구 숙　吏 벼슬아치 리　殺 죽일 살

以燕伐燕　過則改之　過則順之　日月之食　# 及其A也

… 彼如曰 孰可以殺之오하면 則將應之曰 爲士師則可以殺之라하리라 今에 以燕伐燕이어니 何爲勸之哉리오 〈公孫丑下 8-2〉

如A則 : 만약 A라면
何爲A哉 : 어찌하여 A하겠는가

70 且古之君子는 過則改之러니 今之君子는 過則順之로다 古之君子는 其過也 如日月之食이라 民皆見之하고 及其更也하여는 民皆仰之러니 今之君子는 豈徒順之리오 又從而爲之辭로다 〈公孫丑下 9:4〉

及其A也 : A함에 미쳐서는
豈徒A 又B : 어찌 다만 A뿐이겠는가. 또한 B이다

及其A也 : A에 미쳐서는 ; A하게 되면

시간의 변화(미래)나 가정을 뜻하는 패턴으로 '~함에 미쳐서는, ~하게 되면' 등으로 풀이한다. 及 대신에 比가 사용된 예도 있다.(例 37)

當A之時는 현재나 과거의 특정 시기에 사용 된다.(解 ☞ 54)

… 그가 만약 '누가 그를 죽일 수 있는가?' 하고 물었다면 장차 '법관[士師]이 되면 그를 죽일 수 있다.'고 대답했을 것이다. 지금 연나라와 〈다름없는 나라로〉 연나라를 정벌한 것이니, 어찌하여 정벌하라고 권했겠는가."

• 사사士師 : 주대周代의 벼슬 이름. 추관秋官에 소속되어 송옥訟獄을 관장함.

70 또한 옛날의 군자는 허물이 있으면 그것을 고쳤는데, 지금의 군자는 허물이 있으면 그것을 답습踏襲한다. 옛날의 군자들은 그 허물이 일식日食이나 월식月食 같아서 백성이 모두 그것을 보았고, 허물을 고침에 미쳐서는 백성이 모두 그를 우러러보았는데, 지금의 군자들은 어찌 답습하기만 할 뿐이겠는가. 또한 따라서 변명하기까지 한다."

– '豈徒A 又B'는 '어찌 다만 A뿐이겠는가? 또한 B이다'로 풀이한다.(解 ☞ 55)

爲 때문 위　辭 변명할 사

同朝 不敢請耳固所願 # 不敢A

願A : A하기를 바라다
得A : A할 수 있다
不敢A : 감히 A하지 않다
A耳 : A일 뿐이다

71 王이 就見孟子曰 前日에 願見而不可得이라가 得侍하여는 同朝甚喜러니 今又棄寡人而歸하시니 不識케이다 可以繼此而得見乎잇가 對曰 不敢請耳언정 固所願也니이다 〈公孫丑下 10 : 2〉

불감청이고소원不敢請耳固所願 : 감히 청할 수는 없으나 진실로 바라는 바임.

請A 願A : (청컨대/바라건대) A하소서 ; A를 청하다/바라다 ; A해 보겠다 ; A해봐도 될까요?

① '요청, 희망' ② '겸양, 허락'의 둘로 크게 구분된다.

①은 타인에게 무엇인가를 요구할 때의 패턴이다. '~을 청하다/바라다, 청컨대 ~ 하소서' 등으로 풀이한다.(例 8, 16, 28)

②는 자신의 생각이나 행동을 겸손하게 표현하는 패턴이다. 위 請問其目, 請事斯語矣는 '~해보겠습니다, ~해보려 합니다, ~해봐도 될까요?' 등으로 풀이되며, 이때는 '敢~, 試~'의 쓰임과 유사하다.(例 8, 28)

그 밖에 단순히 서술로 쓰이는 경우도 있다.(例 48)

• 동조同朝 : 같은 조정朝廷에서 함께 벼슬하는 사람.

71 왕이 맹자를 찾아가서 만나 말하였다. "전날에 만나길 원해도 만날 수 없다가, 모실 기회를 얻게 되자 같은 조정 사람들이[同朝] 매우 기뻐했습니다.

지금 또 과인을 버리고 돌아가시니, 알지 못하겠으나 이번 일에 이어서 만나 뵙는 것이 가능하겠습니까?"

- 不識은 구어체로 '알지 못하겠습니다만…' 정도의 의미로 뒤에는 보통 의문형 문장이 온다.
- 可以繼此而得見乎(8 7 2 1 3 5 4 9)의 以는 '~하는 것'의 풀이에 해당한다.

〈맹자가〉 대답하여 말하였다. "감히 청할 수는 없으나 진실로 바라는 바입니다."

侍 모실 시 棄 버릴 기 寡 적을 과 繼 이을 계

浩然　庶幾　# 庶幾A　# 不AB

72 夫出晝而王不予追也하실새 予然後에 浩然有歸志호니 予雖然이나 豈舍王哉리오 王由足用爲善하시리니 王如用予시면 則豈徒齊民安이리오 天下之民이 擧安하리니 王庶幾改之를 予日望之하노라 〈公孫丑下 12:5〉

不AB : A를 B하지 않다
A然後B : A한 뒤에 B하다
A然 : A하게
豈A哉 : 어찌 A겠는가
A足用B : A로써 B하기에 충분하다
如A則 : 만약 A하면
庶幾A : 행여라도 A할까

#29 不AB　未AB : 莫AB : A(대명사)를 B하지 않다

'부정사+서술어+대명사'의 어순이 '부정사+대명사+서술어'로 도치된 패턴이다.(例 100 등)

목적어나 보어의 구절이 긴 경우 해당 구절을 앞으로 빼내고 그 구절을 대신하는 대명사로 그 자리를 채운 후, 다시 부정문에서 대명사와 서술어가 바뀐 구조이다.(解 ☞ 《기본패턴》 #29)

72 대저 주晝 땅을 벗어나는데도 왕이 나를 좇아오지 않으시기에 내가 그런 뒤에 호연浩然하게 돌아갈 뜻을 가졌다.

내가 비록 그렇지만 어찌 왕을 저버리겠는가. 왕은 오히려 충분히 선을 행할 수 있으니, 왕이 만약 나를 등용한다면 어찌 단지 제나라 백성만 편안하겠는가? 천하의 백성이 모두 편안하리니, 왕이 행여라도[庶幾] 고치시기를 나는 날마다 바라노라.

- A足用B는 A足以B와 같다.

• 호연浩然 : 막을 수 없거나 얽매이지 않는 모양.
• 서기庶幾 : 바라건대. 또는 단지 …을 원함.

浩 넓을 호　豈 어찌 기　舍 버릴 사　由(≒猶) 오히려 유　擧 모두 거　庶 거의 서
幾 거의 기

5. 등문공滕文公 상

滕文公 楚 宋 性善 堯舜 # 將A

將A : 장차 A하려 하다

73 滕文公이 爲世子에 將之楚할새 過宋而見孟子한대

74 孟子道性善하사되 言必稱堯舜이러시다

- 문공文公 : 전국시대 등滕나라 임금. 정공定公의 아들.
- 세자世子 : 제후諸侯의 후사後嗣. 원래는 천자天子의 후사를 세자로 부르다가, 후세에 태자太子로 고침.
- 성선性善 : 사람의 성품은 본래 착하다고 주장한 맹자의 학설.

73 등滕나라 문공文公이 세자世子였을 때에 장차 초楚나라로 가려고 송宋나라를 지나다가 맹자를 만났다.

集註 世子는 太子也라 : '世子'는 태자太子이다.

74 맹자가 사람의 본성이 선하다는 것[性善]을 말하였는데, 말할 때마다 반드시 요순堯舜을 칭하여 〈실증實證하였다〉.

滕 물 솟을 등;나라 이름 之 갈 지 楚 초나라 초 宋 송나라 송 稱 일컬을 칭
堯 요임금 요 舜 순임금 순

CV17999

自A

75 世子自楚反하여 復見孟子한대 孟子曰 世子는 疑吾言乎잇가 夫道는 一而已矣니이다

自A : A로부터
A而已矣 : A일 뿐이다

#27~28 自A　自A 至B　自A 至(於)B　自A 以(B) 至(於)C
: A부터 (B로) C에 이르기까지

'自A 至B' 사이에 以를 넣어 이동 및 확산 방향을 포함하고 있는 패턴이다. 於가 생략 되기도 하며 自 대신 '由/從'이, 至 대신 達이 쓰이기도 한다.
'自/由/從'만 쓰인 경우(例 75 등), '至/達'만 쓰인 경우(例 24-2, 26 등), '自A 以(B) 至(於)C'가 쓰인 경우(例 145~148)가 있다.

75 세자가 초楚나라로부터 돌아오는 길에 다시 맹자를 만났는데, 맹자가 말하였다. "세자는 내 말을 의심하십니까. 무릇 도는 하나일 뿐입니다.

復 다시 부　疑 의심할 의

有爲 絶長補短

謂A曰B : A에게 일러 B라고 말하다
何A哉 : 어찌 A하겠는가
何A也 : 어떤 A인가?
豈A哉 : 어찌 A겠는가

76 成覸이 謂齊景公曰 彼丈夫也며 我丈夫也니 吾何畏彼哉리오하며 顔淵曰 舜何人也며 予何人也오 有爲者亦若是라하며 公明儀曰 文王은 我師也라하시니 周公이 豈欺我哉시리오하니이다

A可以B : A로써 B할 수 있다
若A : 만약 A하면
不A 不B : A하지 않으면 B하지 못한다

77 今滕을 絶長補短이면 將五十里也나 猶可以爲善國이니 書曰 若藥이 不瞑眩이면 厥疾이 不瘳라하니이다
〈滕文公上 1:1~5〉

절장보단絶長補短 : 긴 것을 잘라서 짧은 것을 보충함. 장점이나 넉넉한 것으로 단점이나 부족한 것을 보충함을 이르는 말.

- 성간成覸 : 춘추시대 제齊나라의 용사勇士.
- 경공景公 : 춘추시대 제齊나라의 군주. 이름은 저구杵臼.
- 장부丈夫 : 성인成人이 된 남자.
- 유위有爲 : 노력함. 큰 일을 함.
- 공명의公明儀 : 춘추시대 노魯나라 사람. 자장子張의 문인.
- 등滕 : 춘추시대의 제후국.
- 서경書經 : 삼경三經·오경五經·십삼경十三經의 하나. 《서書》라고만 하였다가, 한대漢代에 이르러 《상서尙書》라 하였고, 송대宋代에는 《서경書經》이라 함.

76 성간成覸이 제나라 경공景公에게 말하길, '저 〈성현도〉 장부丈夫이며, 나도 장부이니, 내가 어찌 저 〈성현들을〉 두려워하겠는가.' 하였고, 안연이 말하길, '순舜임금은 어떤 사람이며, 나는 어떤 사람인가. 〈순임금처럼 되려고〉 노력하는〔有爲〕 자는 또한 이 〈순임금〉 같이 될 것이다.' 하였으며, 공명의公明儀가 말하길, '〈주공이〉 「문왕文王은 내 스승이다.」라고 하셨으니, 주공周公이 어찌 나를 속였겠는가.' 하였습니다.

77 지금 등滕나라 땅을 긴 곳을 잘라서 짧은 곳에 보태면〔絶長補短〕 대략〔將〕 50리 되는 작은 나라이지만, 오히려 선한 나라〔善國〕가 될 수 있으니, 《서경書經》에 말하길, '만약 어지러울 정도로 약이 독하지〔瞑眩〕 않다면 그 병이 낫지 않는다.' 하였습니다."

集註 絶은 猶截也라 : '絶'은 '截(자름)'과 같다.

覸 엿볼 간;사람 이름 絶(≒截) 끊을 절 長 길 장 補 도울 보 將 대체로 장
瞑 잘 면;눈 감을 명 眩 어지러울 현 厥 그 궐 疾 병 질 瘳 병 나을 추

公田 野人 堯 蕩蕩 舜 巍巍 # 所以A

78 方里而井이니 井이 九百畝니 其中이 爲公田이라 八家皆私百畝하여 同養公田하여 公事를 畢然後에 敢治私事하니 所以別野人也니라 〈滕文公上 3:18〉

所以A : A하는 것

79 孔子曰 大哉라 堯之爲君이여 惟天이 爲大어시늘 惟堯則之하시니 蕩蕩乎民無能名焉이로다 君哉라 舜也여 巍巍乎有天下而不與(예)焉이라하시니 堯舜之治天下에 豈無所用其心哉시리오마는 亦不用於耕耳시니라 〈滕文公上 4:11〉

A哉B : A하구나! B여
惟A : 오직 A만이
A乎 : A하구나!
豈A哉 : 어찌 A인가
A耳 : A일 뿐이다

구부위정지도九夫爲井之圖

78 사방으로 1리가 1정井이니, 1정은 900묘畝이다. 그 가운데가 공전公田이 된다. 여덟 집이 모두 사전私田 100묘 씩을 받아서, 함께 공전을 가꾸어 공전의 일을 마친 연후에 감히 사전의 일을 다스리니, 〈군자와〉 야인野人을 구별하는 것이다.

79 공자가 말하기를, "크구나, 요임금이 임금 노릇 함이여! 오직 하늘이 위대하거늘, 오직 요임금이 그것을 본받았으니, 크고 넓어서[蕩蕩], 백성이 그것을 이름할 수 없다. 임금답구나, 순임금이여! 높고 높아서[巍巍], 천하를 소유하고도, 관여하지 않는다." 하였으니, 요임금과 순임금이 천하를 다스림에 어찌 그 마음을 쓰는 바가 없었겠는가마는, 또한 밭 가는 일에는 〈마음을〉 쓰지 않았다.

– 蕩蕩乎, 巍巍乎의 乎는 '~히, ~하게'로 풀이되어 부사형으로 쓰인 글자이다.

- 탕탕蕩蕩 : 넓고 큰 모양.
- 외외巍巍 : 숭고하고 위대함.

畝 이랑 묘 蕩 넓을 탕 巍 높고 클 외 與 참여할 예

6. 등문공滕文公 하

廣居 天下 正位 大道 富貴 貧賤 威武 大丈夫

A之謂B : A를 B라고 말하다

80 居天下之廣居하며 立天下之正位하며 行天下之大道하여 得志하여는 與民由之하고 不得志하여는 獨行其道하여 富貴不能淫하며 貧賤이 不能移하며 威武不能屈이 此之謂大丈夫니라 〈滕文公下 2:3〉

A之謂B : A를 B라고 이르다

之가 '~을/를'로 풀이되는 대표적인 패턴이다.(例 21)
비슷한 패턴으로 A是謂B, A是爲B, A以爲B 등이 있다.
※ A之謂B의 之는 허사(~을/를)인데, A謂之B의 之는 대명사(그것)이다.

- 광거廣居 : 넓고 큰 거처. 유가儒家에서 인仁을 비유하는 말로 쓴다.
- 정위正位 : 바른 위치. 정당한 위치. 유가의 예禮를 의미함.
- 대도大道 : 사람이 지켜야 할 큰 도리. 상도常道. 정도正道. 유가에서 의義를 의미함.
- 부귀富貴 : 집안이 부유하고 신분이 고귀함. 또는 부귀하게 함.
- 빈천貧賤 : 가난하고 미천함. 또는 그러한 사람.
- 대장부大丈夫 : 지기志氣와 절조節操가 굳세고 실천력이 있는 남자.

80 천하의 넓은 집〔廣居 : 仁〕에 살며 천하의 바른 자리〔正位 : 禮〕에 서며, 천하의 큰 도〔大道 : 義〕를 행하여 뜻을 얻으면 백성과 함께 그것을 행하고 뜻을 얻지 못하면 홀로 그 도를 행하여, 부귀富貴가 〈마음을〉 방탕하게 할 수 없으며 빈천貧賤이 〈절개를〉 바꾸게 할 수 없으며 권세權勢와 무력이 지조를 굽히게 할 수 없는 것, 이것을 대장부大丈夫라 이릅니다."

集註 廣居는 仁也요 正位는 禮也요 大道는 義也라 與民由之는 推其所得於人也요 獨行其道는 守其所得於己也라 淫은 蕩其心也요 移는 變其節也요 屈은 挫其志也라 : '廣居'는 인仁이요, '正位'는 예禮요, '大道'는 의義이다. 백성과 함께 행한다는 것은 그 얻은 바를 남에게 넓힘이요, 홀로 그 도道를 행한다는 것은 그 얻은 바를 자기 몸에 지키는 것이다. '淫'은 마음을 방탕하게 함이요, '移'는 절개를 변함이요, '屈'은 지조를 꺾는 것이다.

由 행할 유

CV18006

農夫 耒耜

81 曰 士之仕也 猶農夫之耕也니 農夫 豈爲出疆하여 舍其耒耜哉리오 曰 晉國이 亦仕國也로되 未嘗聞仕如此其急호니 仕如此其急也인댄 君子之難仕는 何也잇고 〈계속〉

豈A哉 : 어찌 A인가
A何也 : A는 어째서인가?

뇌사耒耜

81 맹자가 말하였다. "선비士가 벼슬하는 것은 농부가 밭을 가는 것과 같으니, 농부가 어찌 국경을 나가기 위하여 자기의 쟁기[耒耜]를 버리겠는가."

주소周霄가 말하였다. "진晉나라 또한 벼슬할 수 있는 나라이지만, 일찍이 벼슬을 이처럼 급히 했다는 말을 들어본 적이 없으니, 벼슬하는 것을 이처럼 급히 한다면 군자가 벼슬하는 것을 어렵게 여기는 것은 어째서입니까?"

1 2 3 6 5 4 10 7 8 9 11
- 農夫 豈爲出疆하여 舍其耒耜哉리오

• 주소周霄 : 전국시대 위魏나라 사람.

疆 지경 강 舍(≒捨) 버릴 사 耒 쟁기 뢰 耜 보습 사

丈夫生　有室　有家　穴隙相窺　踰牆相從　# 未嘗不A

A而B : A하면 B하다
未嘗不A : 일찍이 A하지 않은 적이 없다

… 曰 丈夫生而願爲之有室하며 女子生而願爲之有家는 父母之心이라 人皆有之언마는 不待父母之命과 媒妁之言하고 鑽穴隙相窺하며 踰牆相從하면 則父母國人이 皆賤之하나니 古之人이 未嘗不欲仕也언마는 又惡(오)不由其道하니 不由其道而往者는 與鑽穴隙之類也니라 〈滕文公下 3:5〉

… 〈맹자가〉 말하였다. "장부丈夫가 태어나면 그를 위하여 아내가 있기를 원하고, 여자가 태어나면 그를 위하여 시댁(남편)이 있기를 원하는 것은 부모의 마음이다.

- 而는 '~하면'으로 풀이하는 가정의 패턴이다.

사람이 모두 이러한 마음을 가지고 있건마는, 부모의 명과 매파媒婆의 말을 기다리지 않고 구멍을 뚫고서 서로 엿보거나 담을 넘어가 서로 따른다면, 부모와 나라 사람이 모두 그들을 천하게 여길 것이다.

〈이와 마찬가지로〉 옛사람들이 일찍이 벼슬하고자 하지 않은 적은 없지만, 또한 올바른 방법을 따르지 않는 것을 싫어하였으니, 올바른 방법을 따르지 않고서 가는 것은 구멍을 뚫는 것과 같은 것이다."

- 與鑽穴隙之類也는 '혈극을 뚫는 것과 함께하는 종류이다.'로 직역한다.

室 아내 실　家 시댁 가　媒 중매 매　妁 중매 작　鑽 뚫을 찬　隙 틈 극　窺 엿볼 규
踰 넘을 유　牆 담 장　賤 천할 천　由 따를 유　與 같이할 여　類 무리 류

脅肩諂笑 赧赧然 中國 蛇龍

82 曾子曰 脅肩諂笑 病于夏畦라하며 子路曰 未同而言을 觀其色컨대 赧赧然이라 非由之所知也라하니 由是觀之면 則君子之所養을 可知已矣니라 〈滕文公下 7:4〉

A于B : B보다 더 A하다
未A : 아직 A하지 않다
A然 : A하게
A之B : A가 B하다
A則B : A이면 B이다

83 當堯之時하여 水逆行하여 氾濫於中國하여 蛇龍이 居之하니 民無所定하여 下者는 爲巢하고 上者는 爲營窟하니 書曰 洚水警余라하니 洚水者는 洪水也니라 〈滕文公下 9:2〉

當A之時 : A 때를 당하여

협견첨소脅肩諂笑 : 어깨를 움츠리고 억지웃음을 지음. 남의 비위를 맞추려고 아첨하는 모습을 형용함.

82 증자曾子가 말하기를 '어깨를 움츠리고 아첨하며 웃는 것[脅肩諂笑]이 여름날 밭에서 〈일하는〉 것보다 괴롭다.' 하였고, 자로子路가 말하기를, '〈뜻이〉 같지 않은데 〈억지로 영합하여〉 말하는 것을, 그 얼굴색을 관찰하면 〈무안하여〉 얼굴이 붉어지니[赧赧然], 〈이러한 짓은〉 내가 알 바가 아니다.' 하였다. 이로 말미암아 그 일들을 살펴보면 군자가 기르는 것을 알 수 있을 것이다."

- A然은 'A하게' 처럼 의성어나 의태어로 풀이한다.(例 35, 47)

83 요堯임금 때를 당하여 물이 역류하여 나라 안에 범람氾濫해서 뱀과 용이 사니, 백성이 정착할 수가 없었다. 〈그리하여〉 낮은 곳에 사는 자들은 둥지를 만들고 높은 곳에 사는 자들은 굴을 만드니, 《서경書經》에서 이르길, "강수洚水가 나를 경계시켰다." 하였으니, 강수는 홍수洪水이다.

• 자로子路 : 춘추시대 노魯나라 중유仲由의 자. 공자의 제자. 용맹하기로 유명함.

• 난난연赧赧然 : 부끄러워서 얼굴을 붉히는 모양.

• 그 일들 : 생략된 7장 2~3절의 일화들. ①단간목段干木이 위魏나라 문후文侯가 만나러 오자 담을 넘어가 문후를 피한 일. ②설류泄柳가 노魯나라 목공繆公이 만나러 오자 문을 닫고 목공을 받아들이지 않은 일. ③양화陽貨가 공자가 없는 틈을 엿보아 공자에게 삶은 돼지고기를 보내자, 공자도 양화가 집에 없는 틈을 엿보아 그의 집에 찾아가서 사례한 일.

脅 올릴 협　肩 어깨 견　諂 아첨할 첨　病 괴로울 병　畦 밭두둑 휴　赧 얼굴 붉힐 난
堯 요임금 요　氾 넘칠 범　濫 넘칠 람　巢 둥지 소　營 경영할 영　窟 굴 굴
洚 큰 물 강　警 경계할 경　洪 넓을 홍

世衰道微　邪說暴行　臣弑其君　子弑其父　春秋　天子　# 其A乎

84 世衰道微하여 邪說暴行이 有作하여 臣弑其君者 有之하며 子弑其父者 有之하니라

其A乎 : 아마 A일 것이다

85 孔子懼하사 作春秋하시니 春秋는 天子之事也라 是故로 孔子曰 知我者도 其惟春秋乎며 罪我者도 其惟春秋乎인저하시니라 〈滕文公下 9 : 6~7〉

※ 현토 '~하야(하여)'

시간적 선후 관계, 인과, 뒷말의 서술어나 문장을 꾸미는 경우에 쓰였다.(例 26, 44 등)

- 춘추春秋 : 경經의 하나. 공자가 노魯나라의 사서史書를 필삭筆削하여 편년체編年體로 엮었다고 하는 역사책.
- 천자天子 : 하늘의 뜻을 이어받아 나라를 다스리는 사람. 하늘의 아들이라는 뜻.

84 세상이 쇠퇴하고 도道가 미약해져 바르지 않은 학설과 포악한 행실이 또 일어나서, 신하로서 임금을 시해하는 자가 있었고, 자식으로서 아버지를 시해하는 자가 있었다.

- 有作의 有는 又(또)의 뜻이다.
- 臣弑其君者有之는 有臣殺其君者와 같다.

85 공자孔子가 두려워하여 《춘추春秋》를 지으니, 《춘추》는 천자天子의 일이다. 이 때문에 공자가 말하였다. "나를 알아주는 것도 아마 오직 《춘추》 때문이며, 나를 벌주는 것도 아마 오직 《춘추》 때문일 것이다."

衰 쇠할 쇠　弑 윗사람 죽일 시　懼 두려워할 구

연습문제

밑줄 친 구절의 직역을 쓰시오.

• 天時不如地利요 <u>地利不如人和</u>니라 ☞ 64

• 得道者는 多助하고 <u>失道者</u>는 <u>寡助</u>라 ☞ 67

• 吾身不能居仁由義를 <u>謂之自棄也</u>니라 ☞ 92

풀이를 참조하여 □ 안에 알맞은 한자를 쓰시오.

• 焉有仁人在位하여 罔民을 □可爲也리오 ☞ 28

: 어찌 인한 사람이 지위에 있으면서 백성을 그물질하는 것을 행할 수 있겠는가?

• □天下之所順으로 □親戚之所畔이라 ☞ 68

: 천하가 순종하는 것으로 친척이 배반하는 것을 공격한 것이다.

• 世子□楚反하여 復見孟子한대 ☞ 75

: 세자가 초나라로부터 돌아와 다시 맹자를 만났는데,

풀이를 참조하여 ( ) 안의 한자를 □에 바르게 나열하시오.

• □□□□□하사되 言必稱堯舜이러시다 : 맹자가 성선을 말하였는데, 말할 때 반드시 요순을 일컬었다. (孟 善 性 子 道) ☞ 74

• 彼丈夫也며 我丈夫也니 □□□□□리오 : 저도 장부이며, 나도 장부이다. 내가 어찌 저를 두려워하겠는가? (畏 吾 哉 何 彼) ☞ 76

• 周公이 □□□□시리오 : 주공이 어찌 나를 속였겠는가? (我 哉 豈 欺) ☞ 76

•

•

7. 이루離婁 상

離婁 公輸子 規矩 方員 師曠 六律 五音 仁政

86 孟子曰 離婁之明과 公輸子之巧로도 不以規矩면 不能成方員이요 師曠之聰으로도 不以六律이면 不能正五音이요 堯舜之道로도 不以仁政이면 不能平治天下니라

不A 不B : A하지 않으면 B하지 못한다

- 이루離婁 : 시력이 매우 뛰어났다는 전설상의 인물.
- 공수자公輸子 : 춘추시대 노魯나라의 유명한 목수. 성은 공수公輸 이름은 반班.
- 규구規矩 : 걸음쇠(컴퍼스)와 곱자.
- 방원方員 : 네모난 것과 둥근 것. = 방원方圓.
- 사광師曠 : 춘추시대 진晉나라의 악사樂師. 음률音律을 잘 판별함.
- 육률六律 : 표준음의 이름. 십이율十二律에서 양성陽聲에 속하는 여섯 음音. 곧 황종黃鐘·태주太簇·고선姑洗·유빈蕤賓·이칙夷則·무역無射.
- 오음五音 : 궁宮·상商·각角·치徵·우羽의 다섯 음. = 오성五聲.

86 맹자가 말하였다. "이루離婁의 밝은 눈과 공수자公輸子의 솜씨로도 걸음쇠[規]와 곱자[矩]를 사용하지 않으면 네모와 원[方員]을 이룰 수 없고, 사광師曠의 밝은 귀로도 육률六律을 사용하지 않으면 오음五音을 바르게 할 수 없고, 요순의 도道로도 인정仁政을 사용하지 않으면 천하를 평안하게 다스릴 수 없다.

- 不以의 以는 '사용하다'의 서술어로 쓰인 경우이다.(解 ☞ 67)

集註 規는 所以爲員之器也요 矩는 所以爲方之器也라 : '規'는 원형圓形을 만드는 기구이고, '矩'는 방형方形을 만드는 기구이다.

CV18012

離 떠날 리; 사람 이름 婁 끌 루; 사람 이름 輸 보낼 수 巧 공교할 교 以 쓸 이
規 걸음쇠 규 矩 곱자 구 員(≒圓) 둥글 원 曠 밝을 광; 사람 이름 聰 귀 밝을 총
堯 요임금 요 舜 순임금 순

仁心 仁聞 先王 徒善 徒法 # 徒A

87 今有仁心仁聞이로되 而民不被其澤하여 不可法於後世者는 不行先王之道也일새니라

A於B : B에서 A하다

88 故로 曰 徒善이 不足以爲政이요 徒法이 不能以自行이라하니라 〈離婁上 1:1~3〉

徒A : 단지 A만으로는

87 지금 어진 마음(仁心)과 어질다는 명성(仁聞)이 있으나 백성이 그 은택을 입지 못하여 후세에 본보기가 될 수 없는 것은 선왕先王의 도道를 행하지 않아서이다.

集註 仁心은 愛人之心也요 仁聞者는 有愛人之聲이 聞於人也라 : '仁心'은 사람을 사랑하는 마음이요, '仁聞'은 사람을 사랑한다는 명성(소문)이 사람들에게 알려진 것이다.

- 인심仁心 : 인자한 마음. 남을 사랑하는 마음.
- 인문仁聞 : 인덕仁德을 시행하여 얻은 명성. 인성仁聲과 같음.

88 그러므로 말하기를, '단지 선한 마음만으로는 정치하기에 충분하지 않고, 단지 법(제도)만으로는 저절로 행해질 수 없다.'고 한 것이다."

集註 徒는 猶空也라 有其心, 無其政을 是謂徒善이요 有其政, 無其心을 是謂徒法이라 : '徒'는 '空(한갓)'과 같다. 선심善心만 있고 선정善政이 없는 것을 '徒善'이라 이르고, 선정善政만 있고 선심善心이 없는 것을 '徒法'이라 이른다.

被 입을 피 澤 은혜 택 法 본보기 될 법

規矩 方員 # A之所以B

89 孟子曰 規矩는 方員之至也요 聖人은 人倫之至也니라

A而已矣 : A일 뿐이다
以AB : A로써 B하다
A之所以B : A가 B한 것

90 欲爲君인댄 盡君道요 欲爲臣인댄 盡臣道니 二者를 皆法堯舜而已矣니 不以舜之所以事堯로 事君이면 不敬其君者也요 不以堯之所以治民으로 治民이면 賊其民者也니라 〈離婁上 2 : 1~2〉

#20 A之所以B(也) : A가 B하는 것/까닭은 ; A가 B한 것/까닭이다

'A之B(也)'(#9)와 '所以A'(#19)가 결합된 형태의 패턴이다.

- 규구規矩 : 걸음쇠와 곱자.
- 방원方員 : 네모난 것과 둥근 것. = 방원方圓.
- 성인聖人 : 덕행과 지혜가 뛰어나 길이 우러러 본받을 만한 사람.
- 인륜人倫 : 사람이 사회 관계에 따라 지켜야 하는 도리.

89 맹자가 말하였다. "걸음쇠와 곱자[規矩]는 네모와 원[方員]의 지극함(표준)이고, 성인聖人은 인륜人倫의 지극함(표준)이다.

集註 至는 極也라 : '至'는 지극함이다.

90 임금이 되고자 한다면 임금의 도를 다해야 하고, 신하가 되고자 한다면 신하의 도를 다해야 하니, 두 가지는 모두 요순堯舜을 본받을 뿐이다.

순임금이 요임금을 섬기던 방법으로 임금을 섬기지 않으면 그 임금을 공경하지 않는 것이고, 요임금이 백성을 다스리던 방법으로 백성을 다스리지 않으면 그 백성을 해치는 것이다."

- '不以舜之所以事堯로 事君이면'은 以AB(A로써 B하다)와 A之所以B(A가 B한 것)가 결합된 패턴이다. 이때의 所以는 방법을 의미한다.

規 법 규 矩 법도 구 員(≒圓) 둥글 원 賊 해칠 적

順天者存　逆天者亡　自暴自棄　有言　有爲　# A謂之B

91 孟子曰 天下有道에는 小德이 役大德하며 小賢이 役大賢하고 天下無道에는 小役大하며 弱役强하나니 斯二者는 天也니 順天者는 存하고 逆天者는 亡이니라 〈離婁上 7:1〉

A者B : A는 B이다

92 孟子曰 自暴(포)者는 不可與有言也요 自棄者는 不可與有爲也니 言非禮義를 謂之自暴也요 吾身不能居仁由義를 謂之自棄也니라

A謂之B : A를 B라고 말하다

자포자기自暴自棄 : 절망에 빠져 자신을 스스로 포기하고 돌아보지 아니함.

91 맹자가 말하였다. "천하에 도道가 있을 때에는 덕이 작은 이가 덕이 큰 이에게 부림을 받고, 작은 어진 이가 큰 어진 이에게 부림을 받는다.

천하에 도가 없을 때에는 작은 〈나라가〉 큰 〈나라에〉 부림을 받고, 약자가 강자에게 부림을 받는다. 이 두 가지는 자연의 이치이다. 자연의 이치를 따르는 자는 보존되고 자연의 이치를 거스르는 자는 망한다."

※ 在A와 有A의 차이현토 '~하야(하여)'

在A는 'A(장소)에 있다'는 의미이고, 有A는 'A(사물)가 있다'는 의미이다. 이때 있는 위치나 장소 들을 나타내는 말이 在는 뒤에, 有는 앞에 각각 위치한다.

92 맹자가 말하였다. "스스로 해치는 사람(自暴者)과는 함께 말을 할(有言) 수 없고, 스스로 버리는 사람(自棄者)과는 함께 일을 할(有爲) 수 없다. 말을 할 때에 예의를 비방하는 것을 '자포自暴'라 말하고, 나는 몸소 인仁에 머물거나 의義를 따를 수 없다고 하는 것을 '자기自棄'라 말한다.

- A謂之B는 'A를 B라 이른다'로 풀이하는 패턴이며 여기의 之는 대명사이다. A之謂B와 비교하여 보는 것이 좋다.(解 ☞ 42)

- 유언有言 : 훌륭한 말이나 좋은 말을 둠. 또는 그러한 말을 할 수 있는 역량을 지님.
- 유위有爲 : 큰 일을 함. 하는 바가 있음.

役 부릴 역　强 강할 강　暴 해칠 포　棄 버릴 기

安宅 正路 聲音 笑貌 不敎子

93 仁은 人之安宅也요 義는 人之正路也라

弗A : A하지 않다
A哉 : A하구나!

94 曠安宅而弗居하며 舍正路而不由하나니 哀哉라
〈離婁上 10:1~3〉

惡A : 어찌 A인가?
得A : A할 수 있다
豈A哉 : 어찌 A겠는가

95 孟子曰 恭者는 不侮人하고 儉者는 不奪人하나니 侮奪人之君은 惟恐不順焉이어니 惡(오)得爲恭儉이리오 恭儉은 豈可以聲音笑貌爲哉리오 〈離婁上 16:1〉

A之B : A가 B하다
A何也 : A는 어째서인가?

96 公孫丑曰 君子之不敎子는 何也잇고

93 인仁은 사람의 편안한 집[安宅]이고, 의義는 사람의 바른 길[正路]이다.

94 편안한 집을 비워놓고서 살지 않고, 바른 길을 버리고서 다니지 않으니, 슬프도다!"

- 성음聲音 : 목소리. 말씨.
- 소모笑貌 : 웃는 모습. 웃는 얼굴.

95 맹자가 말하였다. "공손한 사람은 남을 업신여기지 않고, 검소儉素한 사람은 남의 것을 빼앗지 않는다. 남을 업신여기고 남의 것을 빼앗는 임금은 오직 〈백성들이〉 자신에게 순종順從하지 않을까 걱정하니, 어찌 공손함과 검소함을 〈참으로〉 할 수 있겠는가. 공손함과 검소함을 어찌 목소리[聲音]와 웃는 모습[笑貌]으로 꾸며서 할 수 있겠는가."

- 豈可以聲音笑貌爲哉리오 (1 8 6 2 3 4 5 7 9)

96 공손추公孫丑가 말하였다. "군자君子가 자식을 〈직접〉 가르치지 않는 것[不敎子]은 어째서입니까?"

曠 빌 광　弗 아니 불　恭 공손할 공　侮 업신여길 모　儉 검소할 검　奪 빼앗을 탈
恐 두려울 공　豈 어찌 기　貌 모양 모

勢不行　父子相夷　易子敎之

97 孟子曰 勢不行也니라 敎者는 必以正이니 以正不行이어든 繼之以怒하고 繼之以怒면 則反夷矣니 夫子敎我以正하사되 夫子도 未出於正也라하면 則是父子相夷也니 父子相夷면 則惡矣니라

以AB : A로써 B하다
A以B : B로써 A하다
A則B : A하면 B하다
A於B : B에서 A하다

98 古者에 易子而敎之하니라

A者 : A 때에

※ 夫子의 의미

① 남자에 대한 경칭, ② 공자孔子에 대한 존칭, ③ 스승에 대한 존칭, ④ 대부大夫·장자長者 등에 대한 존칭, ⑤ 아내가 남편을 이르는 호칭, ⑥ 아들이 아버지를 일컫는 존칭 등 매우 다양한 의미로 쓰인다.

역자교지易子敎之 : 자식을 서로 바꾸어서 가르침. 자기 자식은 욕심이 앞서서 직접 가르치기가 어렵다는 뜻.

97 맹자가 말하였다. "형세상 행해지지 않아서[勢不行]이다. 가르치는 사람은 반드시 바름으로써 하니, 바름으로 〈가르치되〉 행해지지 않으면 노여움이 뒤따르고, 노여움이 뒤따르면 도리어 〈자식의 마음을〉 상하게 되니, '아버지[夫子]가 나에게 바름을 가르치면서 아버지도 바른대로 행하지 않는다.' 한다면, 이것은 아버지와 아들이 서로 〈의誼가〉 상하는 것이니, 아버지와 아들이 서로 〈의가〉 상하면 나쁜 것이다.

集註 夷는 傷也라 : '夷'는 상함이다.

• 부자夫子 : 아들이 아버지를 일컫는 존칭.

98 옛날에는 자식을 바꾸어서 가르쳤다.

- '시간을 뜻하는 한자+者'의 형태로 시간을 나타내는 패턴이다.

繼 이을 계　夷 상할 이　易 바꿀 역

責善 事孰爲大 守孰爲大 事親 守身

莫A焉 : 이보다 A한 것은 없다

99 父子之間은 不責善이니 責善則離하나니 離則不祥이 莫大焉이니라 〈離婁上 18:1~4〉

未AB : A를 B하지 않다

100 孟子曰 事孰爲大오 事親이 爲大하니라 守孰爲大오 守身이 爲大하니라 不失其身而能事其親者를 吾聞之矣요 失其身而能事其親者를 吾未之聞也로라

孰不A : 누가 A하지 않겠는가

101 孰不爲事리오마는 事親이 事之本也요 孰不爲守리오마는 守身이 守之本也니라 〈離婁上 19:1~2〉

- 책선責善 : 친구간에 선행을 권면함.

99 아버지와 아들의 사이에는 책선責善하지 않으니, 책선하면 〈정이〉 떨어지게 되니, 〈정이〉 떨어지면 상서롭지 않음이 이보다 큰 것이 없다."

- 莫大焉은 莫强焉(例 16)과 구조가 같다.(解 ☞ 144)

集註 責善은 朋友之道也라 : 선善으로 권면함은 붕우간朋友間의 도리道理이다.

- 사친事親 : 어버이를 섬김.
- 수신守身 : 품성品性과 절조節操를 유지함.

100 맹자가 말하였다. "누구를 섬김이 큰 일이 되는가? 부모를 섬기는 것[事親]이 큰 일이 된다. 무엇을 지킴이 큰 일이 되는가? 자신을 지키는 것[守身]이 큰 일이 된다. 그 자신을 잃지 않고서 그 부모를 잘 섬긴 자에 대해서는 내가 들었고, 그 자신을 잃고서 그 부모를 잘 섬긴 자에 대해서는 내가 아직 듣지 못했다.

- 吾聞之矣와 吾未之聞也가 함께 등장하였는데, 未之聞也는 부정문에서 대명사가 도치되어 강조된 패턴이다. 여기의 矣는 완료형으로, 也는 진행형으로 쓰인 전형이다.

101 누구인들 섬기지 않겠는가마는 부모를 섬기는 것이 섬김의 근본이고, 무엇인들 지키지 않겠는가마는 자신을 지키는 것이 지킴의 근본이다.

責 요구할 책 離 떠날 리 祥 상서 상

曾子 曾晳 曾元 養口體 養志 事親 # 若A則

102 曾子養曾晳하사되 必有酒肉이러시니 將徹할새 必請所與하시며 問有餘어든 必曰有라하더시다 曾晳이 死커늘 曾元이 養曾子호되 必有酒肉하더니 將徹할새 不請所與하며 問有餘어시든 曰亡(무)矣라하니 將以復進也라 此所謂養口體者也니 若曾子면 則可謂養志也니라

103 事親을 若曾子者 可也니라 〈離婁上 19:3~4〉

將A : 장차 A하려 하다
若A則 : A 같이 한다면

양지養志 : 부모의 뜻을 잘 받들어 봉양하는 일.

102 증자曾子가 증석曾晳을 봉양할 때 반드시 술과 고기를 올렸는데, 장차 상을 치우려 할 때는 반드시 〈남은 음식을 누구에게〉 줄지 물었으며, 〈증석이〉 남은 것이 있느냐 물으면, 반드시 '있습니다.'라고 답하였다.

증석이 죽자 증원曾元이 증자를 봉양하였는데, 반드시 술과 고기를 올렸으나, 장차 상을 치우려 할 때, 〈남은 음식을 누구에게〉 줄지 묻지 않았으며, 남은 것이 있느냐고 물으면 '없습니다.'라고 답하였으니, 장차 그것을 다시 올리려 해서였다.

이는 이른바 〈부모의〉 입과 몸을 봉양하는 것〔養口體〕이니, 증자처럼 한다면 〈부모의〉 뜻을 봉양했다고 이를 수 있다.

- 여기의 若A則은 'A같이 한다면'으로 '만약 A하면'이 아니다.

103 부모 섬김을 증자처럼 하는 것이 옳다."

- 可가 '옳다'라는 의미로 쓰였다.

- 증석曾晳 : 춘추시대 노魯나라 사람. 이름은 점點. 공자의 제자. 증자曾子의 아버지.
- 증원曾元 : 춘추시대 노魯나라 사람. 증자曾子의 아들.
- 양구체養口體 : 입과 몸을 채움.

晳 밝을 석; 사람 이름 徹(≒撤) 거둘 철 請 물을 청 與 줄 여 亡(≒無) 없을 무
可 옳을 가

8. 이루離婁 하

君仁 君義 大人 赤子

莫不A : A하지 않음이 없다

104 孟子曰 君仁이면 莫不仁이요 君義면 莫不義니라
〈離婁下 5 : 1〉

A者B : A는 B이다

105 孟子曰 大人者는 不失其赤子之心者也니라
〈離婁下 12 : 1〉

A哉 : A여!
何A也 : 무엇을 A했는가?

106 徐子曰 仲尼 亟(기)稱於水曰 水哉水哉여하시니 何取於水也시니잇고

- 대인大人 : 덕행이 높고 뜻이 고매한 사람.
- 적자赤子 : 갓난아이. 영아嬰兒.
- 서자徐子 : 맹자의 제자. 이름은 서벽徐辟. 맹자에게 묵가墨家인 이지夷之를 소개함.
- 중니仲尼 : 공자의 자字.

104 맹자가 말하였다. "임금이 인仁하면 인하지 않음이 없고, 임금이 의義로우면 의롭지 않음이 없다."

105 맹자가 말하였다. "대인大人은 어린아이[赤子]의 마음을 잃지 않은 자이다."

- '大人者는 不失其赤子之心者也'에서 앞의 者는 '~은/는'을 뜻하는 어조사이며, 뒤의 '者'는 '사람'을 뜻한다.
- 6 5 1 2 3 4 7 8
  不失其赤子之心者也니라

106 서자徐子가 말하였다. "중니仲尼는 자주 물을 찬미하여 말하시길, '물이여, 물이여.' 하셨으니, 물에서 어떤 점을 취하신 것입니까?"

CV18030

徐 천천히 갈 서 ; 성씨 仲 버금 중 亟 자주 기 稱 일컬을 칭

盈科而進 四海 逢蒙 殺羿

107 孟子曰 原泉이 混混하여 不舍晝夜하여 盈科而後에 進하여 放乎四海하나니 有本者如是라 是之取爾시니라 〈離婁下 18:1~2〉

A而後B : A한 뒤에 B하다
A乎B : B에 A하다
A之B : A를 B하다

108 逢蒙이 學射於羿하여 盡羿之道하고 思天下에 惟羿爲愈己라하여 於是에 殺羿한대 孟子曰 是亦羿有罪焉이니라 公明儀曰 宜若無罪焉하니이다 曰 薄乎云爾언정 惡得無罪리오 〈離婁下 24:1〉

A云爾 : A라고 말할 뿐이다
得A : A할 수 있다
惡A : 어찌 A인가?

영과이후진盈科而後進 : 물은 조금이라도 낮은 곳이 있으면, 먼저 거기를 채운 뒤에 다시 흘러감. 학문은 모든 과정을 차근차근 밟아야 한다는 말. = 영과이진盈科而進.

107 맹자가 말하였다. "근원이 있는 물[原泉]이 계속 용솟음쳐서[混混] 밤낮으로 그치지 않고 〈흘러가다가 웅덩이를 만나면〉 웅덩이를 채우고 난 뒤에 나아가서[盈科而進] 사해四海에 도달한다. 근본이 있는 자는 이와 같으니, 이것을 취한 것이다."

- 是之取爾의 之는 '~을/를'로 풀이한다.

108 방몽逢蒙이 예羿에게 활쏘기를 배워서 예의 기술을 다 배우고는 '천하에 오직 예만이 자신보다 낫다.'고 생각하여, 이에 예羿를 죽였다. 〈이에 대해〉 맹자가 말하였다. "이는 또한 예에게도 책임이 있는 것이다."

공명의公明儀가 말하기를, "그에게는 책임이 없는 듯합니다." 하자, 〈맹자가〉 말하였다. "〈책임이〉 적다고 할지언정 어찌 책임이 없다고 할 수 있겠는가."

- 宜若은 '마치 ~인 것 같다, 마치 ~과 같다'의 추측의 의미로 쓰인다.

- 원천原泉 : 물이 흘러나오는 근원.
- 혼혼混混 : 물이 용솟음치는 모양. 또는 도도히 쉼 없이 흐르는 모양
- 사해四海 : 사방의 바다. 동해·서해·남해·북해.
- 방몽逢蒙 : 고대 활의 명수.
- 예羿 : 고대 유궁국有窮國의 임금 활의 명수.
- 공명의公明儀 : 춘추시대 노魯나라 사람. 자장子張의 문인.

舍(≒捨) 그칠 사　盈 찰 영　放 이를 방　逢 성씨 방　蒙 어두울 몽　羿 사람 이름 예
愈 나을 유　儀 거동 의; 사람 이름　宜 마땅 의　薄 엷을 박

存心 橫逆 自反 # 所以A者以B也 # 必無A

所以A者以B也 : A한 까닭은 B 때문이다
以AB : A를 B하다

109 孟子曰 君子所以異於人者는 以其存心也니 君子는 以仁存心하며 以禮存心이니라

110 仁者는 愛人하고 有禮者는 敬人하나니

111 愛人者는 人恒愛之하고 敬人者는 人恒敬之니라

A以B : B로써 A하다
必不A : 결코 A가 없다
必無A : 결코 A하지 못하다
奚A哉 : 어찌 A하겠는가

112 有人於此하니 其待我以橫逆이어든 則君子必自反也하여 我必不仁也며 必無禮也로다 此物이 奚宜至哉오하나니라

#39 必無A 絶無A 必不A 常不A
: 결코/절대로/전혀/항상 A가 아니다/않다/없다

한정의 부사 뒤에 부정사가 쓰여 '완전 부정'을 뜻하는 패턴이다. 必은 긍정의 경우에는 '반드시'로 풀이하고, 부정의 경우에는 '결코/절대로/전혀'로 풀이한다.

- 존심存心 : 본래의 마음 상태를 지킴.
- 애인愛人 : 백성을 아끼고 보호함. 남을 사랑함.
- 경인敬人 : 타인을 공경함.

109 맹자가 말하였다. "군자君子가 보통 사람과 다른 것은 그 마음을 보존[存心]하기 때문이니, 군자는 인仁을 마음에 보존하고 예禮를 마음에 보존한다.

- 所以A者以B也는 'A한 까닭은 B 때문이다'로 풀이한다.(解 ☞ 23)

110 어진 사람은 남을 사랑[愛人]하고, 예禮가 있는 사람은 남을 공경[敬人]한다.

111 남을 사랑하는 자는 남이 항상 그를 사랑하고, 남을 공경하는 자는 남이 항상 그를 공경한다.

- 횡역橫逆 : 횡포하고 비합리적인 행위.
- 자반自反 : 스스로 반성함.

112 여기에 사람이 있는데 그가 나를 횡포함[橫逆]으로 대하면, 군자는 반드시 스스로 반성[自反]하여 '내가 결코 어질지 못했으며, 분명 예가 없었나 보다. 〈그렇지 않다면〉 이런 일이 어떻게 마땅히 이르겠는가?' 한다.

橫逆 禽獸 # 何A焉

113 其自反而仁矣며 自反而有禮矣로되 其橫逆이 由是也어든 君子必自反也하여 我必不忠이로다하나니라

114 自反而忠矣로되 其橫逆이 由是也어든 君子曰 此亦妄人也已矣로다하나니 如此則與禽獸奚擇哉리오 於禽獸에 又何難焉이리오

A也已矣 : A일 뿐이다
與AB : A와 B하다
奚A哉 : 어찌 A하겠는가
何A焉 : 무엇을 A하겠는가

113 그가 스스로 돌이켜보아도[自反] 어질었고 스스로 돌이켜도 예가 있었는데, 그가 나를 횡포함[橫逆]으로 대함이 이와 같다면, 군자는 반드시 스스로 반성反省하여, '내가 반드시 진실하지 못했나 보다[不忠].' 한다.

114 스스로 돌이켜보더라도 진실하였는데, 그가 나를 횡포함[橫逆]으로 대함이 이와 같다면 군자는 말하길, '이 또한 망령된 사람일 뿐이다.' 하리니, 이와 같다면 금수禽獸와 어찌 다르겠는가? 금수에게 또 무엇을 따지겠는가?

集註 奚擇은 何異也라 又何難焉은 言不足與之校也라 : '奚擇'은 어찌 다르겠는가이다. '又何難焉(또 무엇을 꾸짖을 것이 있겠는가)'은 그와 더불어 따질 것이 못 됨을 말한다.

- 於禽獸又何難焉의 難은 '잘잘못을 따져 꾸짖는다'는 의미로 何難之有의 難과는 의미가 다르고 문장 구조도 다른 점에 유의하자.
- 也已矣는 而已矣와 같이 '~일 뿐이다'로 풀이한다.

由(≒猶) 같을 유 妄 망령될 망 擇 구별할 택 難 힐난할 난

終身之憂 一朝之患 非仁無爲 非禮無行 # A之如何

乃若A : A 같은 것은
A之如何 : A를 어찌해야 하는가
A而已矣 : A일 뿐이다
若夫A : A 같은 것은
非A 無B : A가 아니면 B하지 않다
如A則 : 만약 A라도

115 是故로 君子有終身之憂요 無一朝之患也니 乃若所憂則有之하니 舜도 人也며 我亦人也로되 舜은 爲法於天下하사 可傳於後世어시늘 我는 由未免爲鄕人也하니 是則可憂也라 憂之如何오 如舜而已矣니라 若夫君子所患則亡(무)矣니 非仁無爲也며 非禮無行也라 如有一朝之患이라도 則君子不患矣니라 〈離婁下 28 : 1~7〉

- 종신終身 : 일생. 한평생.
- 일조一朝 : 하루 아침. 일시. 아주 짧은 동안.
- 향인鄕人 : 시골 사람. 또는 속인俗人.

115 이러한 까닭에 군자는 일생[終身]토록 하는 근심은 있고 하루아침[一朝]의 걱정은 없으니, 〈일생토록〉 근심할 만한 것으로 말하면 다음과 같은 것이 있다. '순舜도 사람이며, 나 또한 사람인데, 순은 천하에 모범[法]이 되어서 후세에 전해질 만한데 나는 아직도 속인[鄕人]이 됨을 면치 못하였다.'는 것이니, 이것은 곧 근심할 만한 것이다.

근심을 어찌해야 하는가. 순과 같이하면 될 뿐이다. 군자가 걱정할 만한 것으로 말하면 없으니, 인仁이 아니면 하지 않으며, 예禮가 아니면 하지 않는다. 만일 하루아침의 걱정이 있더라도 군자는 걱정하지 않는다."

- 可傳於後世는 피동을 의미하는 可(解 ☞ 18)와 於(解 ☞ 16)가 사용되었으므로 '전할 만하다'보다는 '전해질 만하다'로 풀이하는 것이 더 자연스럽다.
- 憂之如何의 之는 '~을/를'로 풀이한다.

集註 鄕人은 鄕里之常人也라 : '鄕人'은 향리鄕里의 보통 사람이다.

由(≒猶) 오히려 유

9. 만장萬章 상

盛德之士　南面　北面

116 咸丘蒙이 問曰 語云 盛德之士는 君不得而臣하며 父不得而子라 舜이 南面而立이어시늘 堯帥(솔)諸侯하여 北面而朝之하시고 瞽瞍亦北面而朝之어늘 舜이 見瞽瞍하시고 其容이 有蹙이라하여늘 孔子曰 於斯時也에 天下殆哉岌岌乎인저하시니 不識케이다 此語誠然乎哉잇가 〈계속〉

A乎哉 : A인가?

116 함구몽咸丘蒙이 물어 말하였다. "옛말에 이르길, '덕이 성대한 선비는 임금이 신하로 삼을 수 없고, 아버지가 아들로 삼을 수 없다. 순舜임금이 남쪽을 향하고〔南面〕 서 있었는데, 요堯가 제후들을 이끌고 북쪽을 향하여 조회하였고, 고수瞽瞍 또한 북쪽을 향하여〔北面〕 조회하자 순임금이 고수를 보고서 그 얼굴에 불안한 기색이 있었다.'라고 하였는데, 공자가 말씀하길, '이 때에 천하가 위태로웠도다. 위태로웠도다〔岌岌乎〕.'라고 하였으니, 알지 못하겠습니다만 이 말이 사실입니까?"

集註　語者는 古語也라 : '語'는 옛말이다.

- 함구몽咸丘蒙 : 전국시대의 사람. 맹자의 제자.
- 남면南面 : 남쪽을 향함. 북쪽에서 남면하고 앉는 것을 존위尊位로 여겨 임금을 뜻하는 말.
- 고수瞽瞍 : 순임금의 아버지.
- 북면北面 : 신하로서 섬김.
- 급급岌岌 : 위급한 모양.

帥 거느릴 솔　瞽 소경 고　瞍 소경 수　蹙 찌푸릴 축　殆 위태할 태　岌 위태할 급

CV18043

天無二日 民無二王 三年喪 # 旣A又B

旣A 又B : 이미 A하고 또 B하다

… 孟子曰 否라 此非君子之言이라 齊東野人之語也라 堯老而舜攝也러시니 堯典曰 二十有八載에 放勳이 乃徂落커시늘 百姓은 如喪考妣三年하고 四海는 遏密八音이라하며 孔子曰 天無二日이요 民無二王이라하시니 舜이 旣爲天子矣요 又帥天下諸侯하여 以爲堯三年喪이면 是는 二天子矣니라 〈萬章上 4:1〉

- 팔음八音 : 음악.
- 알밀遏密 : 음악 연주를 중지하여 고요함. 제왕이 죽었을 때 음악 연주를 중지하는 일.

… 맹자가 말하였다. "아니다. 이는 군자君子의 말이 아니라 제齊나라 동쪽 야인野人의 말이다. 〈순舜이 천자가 된 것이 아니라〉 요堯임금이 늙어 순이 섭정한 것이다. 〈요전堯典〉에 말하길, '〈순이 섭정한 지〉 28년만에 방훈放勳(요)이 마침내 죽자, 백성들이 부모의 상喪을 당한 것과 같이 삼년상을 하였고, 세상에는 음악 소리[八音]가 그쳤다[遏密].'고 하였으며, 공자가 말하길, '하늘에 두 태양이 없고, 백성에게는 두 왕이 없다.'고 하였으니, 순이 이미 천자가 되고 또 천하의 제후들을 이끌고 요임금을 위해 삼년상을 하였다면 이는 천자가 둘인 것이다."

– 帥天下諸侯以爲堯三年喪의 以爲는 '~해서 ~하다'로 풀이된다.

攝 대신할 섭 載(≒年) 해 재 勳 공 훈 徂 죽을 조 考 죽은 아버지 고
妣 죽은 어머니 비 遏 막을 알 密 조용할 밀

연습문제

밑줄 친 구절의 직역을 쓰시오.

- 不以規矩면 不能成方員이요 ☞ 86번 문장 참조
- 不以堯之所以治民으로 治民이면 賊其民者也니라 ☞ 90
- 憂之如何오 如舜而已矣니라 ☞ 115

풀이를 참조하여 ☐ 안에 알맞은 한자를 쓰시오.

- 堯舜之道로도 不☐仁政이면 不☐平治天下니라 ☞ 86
  : 요순의 도로도 인정을 사용하지 않으면 천하를 평안하게 다스릴 수 없다.
- 不可☐於後世者는 不行先王之道也일새니라 ☞ 87
  : 후세에 본보기가 될 수 없는 것은 선왕의 도를 행하지 않아서이다.
- ☐法이 不能以自行이라 : 단지 법만으로 저절로 행해질 수 없다. ☞ 88

풀이를 참조하여 ☐ 안에 한자를 바르게 나열하시오.

- 聖人은 ☐☐☐☐☐니라 : 성인은 인륜의 지극함이다. (倫 至 人 之 也) ☞ 89
- ☐☐☐☐☐☐는 何也잇고 : 군자가 자식을 가르치지 않는 것은 어째서인가? (子 之 敎 君 不 子) ☞ 96
- ☐☐☐☐☐☐☐☐는 以其存心也니 君子는 以仁存心하며 以禮存心이니라 : 군자가 보통 사람과 다른 것은 그 마음을 보존하기 때문이니, 군자는 인仁을 마음에 보존하고 예禮를 마음에 보존한다. (君 所 以 異 人 者 於 子) ☞ 109

10. 만장萬章 하

接淅 遲遲 速而速 久而久 處而處 仕而仕

可A : A할 만하다
A而B : A하면 B하다

117 孔子之去齊에 接淅而行하시고 去魯에 曰 遲遲라 吾行也여하시니 去父母國之道也라 可以速而速하며 可以久而久하며 可以處而處하며 可以仕而仕는 孔子也시니라

- 접석接淅 : 밥을 지으려 물에 담가둔 쌀을 손으로 건져서 받쳐 들고 길을 떠남. 몹시 서둘러 떠나는 모습을 형용하는 말.
- 지지遲遲 : 느릿느릿 가는 모양.

117 공자가 제나라를 떠날 때에는 〈밥을 지으려고 담갔던〉 쌀을 건져 가지고[接淅] 〈서둘러〉 떠났고, 노나라를 떠날 때에는 말하길, '더디고 더디구나[遲遲]. 나의 걸음이여.' 하였으니, 부모의 나라를 떠나는 도리이다. 빨리 떠날 만하면 빨리 떠나고, 오래 머물 만하면 오래 머물고, 은둔할 만하면 은둔하고, 벼슬할 만하면 벼슬한 것은 공자이다."

- 孔子之去齊의 之는 주어인 '~이/가'로, 去는 서술어인 '가다'로 풀이된다.
- 可는 '~할 만하다'의 의미이다.
- 速而速, 久而久 등의 而는 '~하면'으로 풀이하는 가정의 패턴이다.

CV18044

接 받을 접 淅 쌀일 석 遲 더딜 지

伯夷 伊尹 柳下惠 集大成 # A之B者

118 孟子曰 伯夷는 聖之清者也요 伊尹은 聖之任者也요 柳下惠는 聖之和者也요 孔子는 聖之時者也시니라

A之B者 : A 중에 B한 것

119 孔子之謂集大成이니 集大成也者는 金聲而玉振之也라 金聲也者는 始條理也요 玉振之也者는 終條理也니 始條理者는 智之事也요 終條理者는 聖之事也니라 〈萬章下 1 : 4~6〉

A之謂B : A를 B라고 이르다
A也者B : A라는 것은 B이다

백이伯夷

118 맹자가 말하였다. "백이伯夷는 성인 가운데 맑은 사람이고, 이윤伊尹은 성인 가운데 자임한 사람이고, 유하혜柳下惠는 성인 가운데 조화로운 사람이고, 공자는 성인 가운데 때에 알맞게 한 사람이다.

- A之B者는 'A 중에 B한 것'으로 풀이한다.

119 공자를 집대성集大成한 사람이라 이르니, 집대성이란 〈음악을 연주할 적에〉 금金(종)으로 소리를 퍼뜨리고 옥(경쇠)으로 소리를 거두어들이는 것이다.

- 孔子之謂集大成의 之는 '~을/를'로 풀이한다.(解 ☞ 42)

금으로 소리를 퍼뜨리는 것은 조리條理를 시작하는 것이고, 옥으로 소리를 거두어들이는 것은 조리를 끝내는 것이니, 조리를 시작하는 것은 지智의 일이고, 조리를 끝내는 것은 성聖의 일이다."

- 백이伯夷 : 상商나라 말기 고죽군孤竹君의 맏아들.
- 이윤伊尹 : 은殷나라의 어진 정승. 이름은 지摯.
- 유하혜柳下惠 : 춘추시대 노魯나라의 대부大夫 전획展獲. 자는 계季·금禽. 시호는 혜惠.
- 집대성集大成 : 여러 가지 학설이나 사상 등을 모두 모아 체계를 세워 정리하는 일.
- 조리條理 : 맥락. 질서.

任 맡길 임 振 떨칠 진 條 가지 조 智 지혜 지

11. 고자告子 상

牛山之木　萌蘖　牛羊　濯濯

A猶B : A는 B와 같다
A與 : A인가?

120 然則犬之性이 猶牛之性이며 牛之性이 猶人之性與아 〈告子上 3:3〉

以A也 : A 때문이다
豈A也哉 : 어찌 A겠는가

121 孟子曰 牛山之木이 嘗美矣러니 以其郊於大國也라 斧斤이 伐之어니 可以爲美乎아 是其日夜之所息과 雨露之所潤에 非無萌蘖之生焉이언마는 牛羊이 又從而牧之라 是以로 若彼濯濯也하니 人見其濯濯也하고 以爲未嘗有材焉이라하나니 此豈山之性也哉리오

120 〈맹자가 말하였다.〉 "그렇다면 개의 성性이 소의 성과 같으며, 소의 성이 사람의 성과 같은가?"

- 우산牛山 : 산동성山東省 치박시淄博市에 있음. 일명 제산齊山.
- 탁탁濯濯 : 산에 초목이 없어 민둥민둥한 모양.

121 맹자가 말하였다. "우산의 나무[牛山之木]가 일찍이 아름다웠는데, 그곳이 큰 도성의 근교이기 때문에[以] 〈사람들이〉 도끼와 자귀로 나무를 베어가니, 아름답게 될 수 있겠는가. 이것은 그 밤낮으로 자라는 바와 비와 이슬이 적셔주는 바에 싹[萌蘖]이 생겨나지 않은 것은 아니지만 소와 양을 또 거기에 풀어놓고서 기르므로 〈소와 양이 싹을 뜯어 먹는다〉. 이 때문에 〈우산牛山이〉 저처럼 민둥민둥[濯濯]하게 된 것이다. 사람들은 그 민둥민둥함을 보고서는 일찍이 재목이 있었던 적이 없다고 여기니, 이것이 어찌 산의 성性이겠는가.

郊 교외 교　斧 도끼 부　息 자랄 식　萌 싹 맹　蘖 싹 얼　牧 칠 목
濯 민둥민둥할 탁

CV18047

斧斤　旦旦　梏亡　夜氣　# 違AB

122 雖存乎人者인들 豈無仁義之心哉리오마는 其所以放其良心者 亦猶斧斤之於木也에 旦旦而伐之어니 可以爲美乎아 其日夜之所息과 平旦之氣에 其好惡(오)與人相近也者幾希어늘 則其旦晝之所爲 有梏亡之矣나니 梏之反覆이면 則其夜氣不足以存이요 夜氣不足以存이면 則其違禽獸不遠矣니 人이 見其禽獸也하고 而以爲未嘗有才焉者라하나니 是豈人之情也哉리오

豈A哉 : 어찌 A겠는가
所以A者B也 : A하는 것은 B이다
A而 : A마다
A之B : A를 B하다
違AB : A와 거리가 B하다
豈A也哉 : 어찌 A겠는가

부斧

122 비록 사람에게 있는 것(본성)인들 어찌 인의仁義의 마음이 없겠는가. 그 양심良心을 잃어버리는 것이 또한 도끼와 자귀로 나무를 아침마다 베는 것과 같으니, 〈어떻게〉 아름답게 될 수 있겠는가.

- 斧斤之於木也는 A之於B也와 구조가 같으나 A가 무생물이므로 'A가 B에 대하여'로 풀이하지 않고, 'A로 B를'과 같이 풀이하는 경우이다.

그 밤낮[日夜]으로 자라는 바와 새벽[平旦]의 기운이 〈있어도〉, 그 좋아하거나 미워함에 있어 남과 서로 가까운 것이 거의 없는데[幾希], 그 낮[旦晝]에 하는 소행이 그것을 속박하여 잃게[梏亡] 하니, 속박하여 〈잃게〉 하기를 반복하면 한밤의 좋은 기운[夜氣]이 보존될 수 없고, 한밤의 좋은 기운이 보존될 수 없으면 금수와 거리가 멀지 않으니, 사람이 그 금수를 보고는 '일찍이 재질材質이 있었던 적이 없다.' 여길 것이니, 이것이 어찌 사람의 실정이겠는가?

- 梏之反覆은 '梏을 반복하면'으로 풀이하는데, '梏이 반복되면'으로 피동의 구문으로 풀이하는 것도 가능하다.

- 일야日夜 : 밤낮으로.
- 평단平旦 : 새벽녘. 이른 아침. 동틀 무렵.
- 기희幾希 : 차이가 매우 적음. 거의 없음.
- 단주旦晝 : 낮.
- 곡망梏亡 : 속박을 받아 잃게 됨. 얽매이어 상실함.
- 야기夜氣 : 고요한 밤의 깨끗한 심기心氣. 곧 고요한 밤 외물과의 일체 접촉이 없는 상태의 순수한 정신.

斧 도끼 부　斤 자귀 근　息 자랄 식　梏 형틀 곡　覆 되돌릴 복　違 거리 위

熊掌 無物不長 無物不消 # 無A 不B

苟A : 진실로/만약 A하면
無A不B : 어떤 A이건 B하지 않음이 없다

123 故로 苟得其養이면 無物不長이요 苟失其養이면 無物不消니라 〈告子上 8:1~3〉

124 孟子曰 魚도 我所欲也며 熊掌도 亦我所欲也언마는 二者를 不可得兼인댄 舍魚而取熊掌者也로리라 生亦我所欲也며 義亦我所欲也언마는 二者를 不可得兼인댄 舍生而取義者也로리라 〈告子上 10:1〉

#37-1 無A(而)不B : 어떤 A이건/A마다 B하지 않음이 없다

時習者無時而不習은 '시습時習은 어느 때고 익히지 않음이 없는 것이다'로 풀이하는데, A는 시간이나 장소의 부사형으로 풀이하여 '어느/어떤 A이고/이건'나 'A마다'로 풀이한다.

가정의 패턴에서 'A가 없으면 B할 수 없다' 등과 구조가 다른 점에 유의하자.

123 그러므로 만일 알맞은 길러줌을 얻으면 어떤 물건이고 자라지 않는 것이 없고, 만일 알맞은 길러줌을 잃으면 어떤 물건이고 사라지지 않을 것이 없다."

- 無物不長이요 (4 1 3 2)

124 맹자가 말하였다. "물고기 〈요리도〉 내가 원하는 바이고 곰발바닥[熊掌] 〈요리도〉 내가 원하는 바지만 두 개를 겸하여 얻을 수 없다면, 물고기 〈요리를〉 버리고 곰발바닥 〈요리를〉 취할 것이다. 삶[生] 또한 내가 원하는 바이고 의義 또한 내가 원하는 바지만 두 개를 겸하여 얻을 수 없다면, 삶을 버리고 의義를 취할 것이다."

消 사라질 소 熊 곰 웅 掌 손바닥 장 兼 겸할 겸

人心人路 學問之道 # A無他B

125 孟子曰 仁은 人心也요 義는 人路也니라

126 舍其路而不由하며 放其心而不知求하나니 哀哉라

A哉 : A하구나!

127 人이 有鷄犬放則知求之호되 有放心而不知求하나니

A則B : A하면 B하다

128 學問之道는 無他라 求其放心而已矣니라 〈告子上 11:1~4〉

A無他B : A는 다른 것이 없다. B이다

A而已矣 : A일 뿐이다

※ A無他B의 쓰임

無他는 대개 원인을 나타낼 때 사용된다. 따라서 앞뒤로 所以, 故와 같은 글자와 종종 대응한다.

① B가 한정(~而已, ~耳 등)이면 'A는/한 까닭은 다른 것이 없다. B일 뿐이다.'로 풀이 된다.(例 26, 128)

② B가 일반 문장이면 'A는/한 까닭은 다른 것이 아니다. B 때문이다.'로 풀이 된다.(例 34, 35) 이때는 보통 '때문이다'에 대응하는 글자가 없는데 '~때문이다, ~해서이다'를 넣어 자연스럽게 풀이하면 좋다.

125 맹자가 말하였다. "인仁은 사람의 마음이고, 의義는 사람의 길이다.

126 그 길을 버리고 따르지 않으며, 그 마음을 잃어버리고도 찾을 줄 모르니 애처롭구나.

127 사람이 닭과 개가 도망가면 그것을 찾을 줄 알면서, 마음을 잃으면 찾을 줄 모르니

- '有~則'은 '~하는 것 있다면'으로 직역하는데 有의 풀이를 생략하고 '~하면'으로 풀이하는 것이 자연스럽다.

128 학문學問의 길은 다른 것이 없다. 그 잃어버린 마음을 찾는 것일 뿐이다."

良貴 # A之所B者C也

A之所B者C也 : A가 B한 것은 C이다

129 人之所貴者는 非良貴也니 趙孟之所貴를 趙孟이 能賤之니라 〈告子上 17:2〉

A猶B : A는 B와 같다
A於B : B를 A하다

130 孟子曰 仁之勝不仁也 猶水勝火하니 今之爲仁者는 猶以一杯水로 救一車薪之火也라 不熄則謂之水不勝火라하나니 此又與於不仁之甚者也니라 〈告子上 18:1〉

- 양귀良貴 : 가장 귀중한 것. 타고난 미덕이라 지칭하기도 함.
- 조맹趙孟 : 춘추시대 진晉나라에서 대대로 권력을 잡았던 조돈趙盾 및 그의 후손인 무武·앙鞅·무휼無恤을 이르는 말.

129 남이 귀하게 해준 것은 참으로 귀한 것[良貴]이 아니니, 조맹趙孟이 귀하게 해준 것을 조맹이 천하게 할 수 있다.

130 맹자가 말하였다. "인仁이 불인不仁을 이김은 물이 불을 이김과 같은데, 지금의 인을 행하는 사람은 한 잔의 물로 한 수레 섶의 불을 끄는 것과 같다. 불이 꺼지지 않으면 그것을 일러 물이 불을 이기지 못한다고 하니, 이는 또 불인을 조장함이 심한 것이다."

集註 與는 猶助也라 : '與'는 '助(조장함)'와 같다.

趙 성씨 조 賤 천할 천 薪 땔나무 신 熄 불 꺼질 식 與 조장할 여

12. 고자告子 하

府庫 良臣 民賊 鄕道

131 孟子曰 今之事君者曰 我能爲君하여 辟土地하며 充府庫라하나니 今之所謂良臣이요 古之所謂民賊也라 君不鄕道하여 不志於仁이어든 而求富之하니 是는 富桀也니라

132 我能爲君하여 約與國하여 戰必克이라하나니 今之所謂良臣이요 古之所謂民賊也라 君不鄕道하여 不志於仁이어든 而求爲之强戰하니 是는 輔桀也니라

131 맹자가 말하였다. "지금의 군주를 섬기는 사람들은 말하기를, '나는 군주를 위하여 토지를 개간하고, 나라의 창고를 채울 수 있다.'고 하니, 지금의 이른바 훌륭한 신하〔良臣〕이고 옛날의 이른바 백성의 적〔民賊〕이다. 군주가 도를 향하지 않아 인仁에 뜻을 두지 않는데도 그런 군주를 부유하게 해 주기를 구하니, 이는 걸桀을 부유하게 해주는 것이다.

132 '나는 군주를 위하여 동맹국과 맹약하여 전쟁하면 반드시 이길 수 있다' 하니, 지금의 이른바 훌륭한 신하〔良臣〕이고 옛날의 이른바 백성의 적〔民賊〕이다. 군주가 도道를 향하지 않아 인에 뜻을 두지 않는데도 〈그런 군주를 위하여〉 억지로 전쟁하기를 구하니, 이는 걸桀을 도와주는 것이다.

- 양신良臣: 현명하고 충성스러운 신하.
- 민적民賊: 백성이 적으로 여기는 사람.

辟 개간할 벽 府 창고 부 庫 곳집 고 賊 도둑 적 鄕(≒向) 향할 향 桀 걸왕 걸
克 이길 극 輔 도울 보

CV18058

今之道 今之俗 一朝

無A 不能B : A가 없으면 B할 수 없다

133 由今之道하여 無變今之俗이면 雖與之天下라도 不能一朝居也리라 〈告子下 9 : 1~3〉

133 지금의 도道를 따라서 지금의 풍속을 바꿈이 없다면 비록 그에게 천하를 준다 하더라도 하루아침도 차지할 수 없을 것이다."

※ 폭군 걸桀과 주紂

중국 하夏나라 최후의 왕인 걸桀은 웅장한 궁전을 건조하여 천하의 희귀한 보화와 미녀를 모았으며, 궁전 뒤뜰에 술로 가득 채운 연못〔酒池〕을 만들어 배를 띄워 즐겼고, 장야궁長夜宮을 짓고 유흥에 빠졌다고 전한다. 《사기史記》에 "걸왕은 부도덕하였고, 현신賢臣 관용봉關龍逢과 이윤伊尹의 간언을 듣지 않았으며, 백성을 억압하였을 뿐만 아니라 도덕군자로 알려졌던 은나라의 탕왕湯王을 하대夏臺에서 체포하는 등 폭정을 자행하였다. 그가 탕왕의 토벌을 받고 도망가다가 죽음으로써 하나라는 멸망하였다."고 기록하고 있다.

주紂 역시 중국 상商나라 최후의 왕으로서 포악한 정치를 했던 것으로 유명하다. 걸과 마찬가지로 주지酒池를 만들고 주변의 나무를 비단으로 휘감은 뒤 고기를 매달아 놓고〔肉林〕 달기와 함께 배를 타고 놀았다고 한다. 또 간언하는 신하들로 하여금 기름을 발라 숯불 위에 걸쳐 놓은 구리기둥 위를 걷게 하는 포락지형炮烙之刑을 내려 미끄러져서 타 죽는 모습을 구경하면서 즐거워하였고 자신에게 충심으로 간언하였던 왕자 비간比干을 죽였다. 7년에 걸쳐 높이 180m, 둘레 800m의 호화궁전 녹대鹿臺를 짓느라 무거운 세금을 부과하여 백성들의 원성이 극에 달하였다. 마침내 서백西伯의 아들 발發이 상나라를 멸망시키고 주周나라를 세워 무왕이 되었다. 주왕은 녹대에 불을 지르고 그 속에서 스스로 불에 타 죽었다고 전한다.

與 줄 여

13. 진심盡心 상

君子三樂　俱存·無故　不愧·不怍　得英才

134 孟子曰 君子有三樂而王天下 不與存焉이니라

135 父母俱存하며 兄弟無故 一樂(락)也요

136 仰不愧於*天하며 俯不怍於*人이 二樂也요

A於B : B에 A하다

137 得天下英才而教育之 三樂也니

138 君子有三樂而王天下 不與存焉이니라 〈盡心上 20:1~5〉

134 맹자가 말하였다. "군자君子에게 세 가지 즐거움〔君子三樂〕이 있으나, 천하에 왕 노릇 함〔王天下〕은 여기에 들어 있지〔與存〕 않다.

135 부모父母가 모두 살아있으며〔俱存〕 형제兄弟에게 아무 탈 없는 것〔無故〕이 첫 번째 즐거움〔一樂〕이고,

136 위로 하늘에 부끄럽지 않으며, 아래로 사람에게 부끄럽지 않음이 두 번째 즐거움〔二樂〕이고,

137 천하의 영재英才를 얻어서 교육하는 것이 세 번째 즐거움〔三樂〕이니,

138 군자에게 세 가지 즐거움이 있으나 천하에 왕 노릇 함은 여기에 들어 있지 않다."

- 여존與存 : 들어 있음. 참여하여 끼임.
- 무고無故 : 아무런 변고가 없음. 평안함. = 무탈無頉.

俱 함께 구　樂 즐길 락　愧 부끄러울 괴　俯 구부릴 부　怍 부끄러워할 작

CV18061

爲我　兼愛　摩頂放踵　執中

139 孟子曰 楊子는 取爲我하니 拔一毛而利天下라도 不爲也하니라

140 墨子는 兼愛하니 摩頂放踵이라도 利天下인댄 爲之하니라

A猶B : A는 B와 같다

141 子莫은 執中하니 執中이 爲近之나 執中無權이 猶執一也니라

마정방종摩頂放踵 : 머리끝부터 발끝까지 갈아서 벗겨짐. 곧 고생을 사양하지 않고 남을 위해 자신을 희생함을 이름.

- 양주楊朱 : 전국 시대 위魏나라 사람. 위아爲我를 주장.
- 위아爲我 : 자기만을 위하고 남은 돌아볼 필요가 없다는 주장.
- 일모一毛 : 한 가닥의 털. 매우 가볍고 작은 물건을 비유함.
- 묵적墨翟 : 전국시대 노魯나라의 사람. 묵가墨家 학파의 시조.
- 겸애兼愛 : 친소親疏를 가리지 않고 모든 사람을 두루 사랑함.
- 자막子莫 : 노魯나라의 현자賢者. 양주楊朱와 묵적墨翟이 중도中道를 잃었음을 알고, 두 가지의 사이를 헤아려서 그 중간만을 잡았음.
- 집중執中 : 중간을 잡음.
- 집일執一 : 하나만을 고수하여 변통할 줄 모름.

139 맹자가 말하였다. "양자楊子〔楊朱〕는 자신을 위하는 것〔爲我〕을 취하였으니, 털 하나〔一毛〕를 뽑아서 천하를 이롭게 하더라도 하지 않았다.

140 묵자墨子〔墨翟〕는 두루 사랑〔兼愛〕하였으니, 이마를 갈아 발꿈치에 이르더라도 천하를 이롭게 할 수 있다면 그것을 하였다.

集註 兼愛는 無所不愛也라 摩頂은 摩突其頂也라 放은 至也라 : '兼愛'는 사랑하지 않는 바가 없는 것이다. '摩頂'은 그 이마를 갈고 부딪치는 것이다. '放'은 이름이다.

141 자막子莫은 중간을 잡았으니, 중간을 잡는 것이 그 〈도道에〉 가깝기는 하지만 중간을 잡고〔執中〕 저울질함이 없는 것은 하나를 고집하는 것〔執一〕과 같다.

集註 近은 近道也라 權은 稱錘也라 : '近'은 도道에 가까움이다. '權'은 저울추이다.

楊 버들 양　拔 뽑을 발　兼 겸할 겸　摩 문지를 마　放 이를 방　踵 발꿈치 종

舉一廢百　# 所A者爲B也

142 所惡(오)執一者는 爲其賊道也니 擧一而廢百也니라

〈盡心上 26：1~4〉

所A者爲B也：A하는 것은 B 때문이다

거일폐백擧一廢百：한 가지만을 굳이 행하고 다른 일은 모두 폐기함.

142 하나만을 고집함을 미워하는 것은 그것이 도道를 해치기 때문이니, 하나만 들고 백 가지는 폐하는 것이다."

集註　爲我는 害仁이요 兼愛는 害義요 執中者는 害於時中이니 皆擧一而廢百者也라 : '爲我'는 인仁을 해치고 '兼愛'는 의義를 해치며 중간을 잡는 것은 시중時中을 해치니, 모두 하나를 들고 백 가지를 폐하는 것이다.

※ 양주楊朱와 묵자墨子

양주楊朱(B.C. 440? ~ B.C. 360?)는 자기 혼자만이 쾌락하면 좋다는 '위아爲我'를 주장하였는데, 위아는 '남을 위해서는 한 올의 머리카락을 뽑아 천하가 이롭다 할지라도 하지 않는다.'는 것이다. 춘추시대春秋時代는 위정자爲政者들이 부국강병富國强兵이라는 명목으로 백성을 억압하면서 '그것이 나라를 위하고 백성을 위한다.' 하였다. 양주는 백성에게 비록 좋은 일일지라도 남의 도움을 빌리지 않고, 서로 참견하는 일 없이 완전히 자유로워야 한다고 역설하였다.

묵자(묵적墨翟：B.C. 480? ~ B.C. 390?)는 평화주의자로 '겸애兼愛'를 주장하였는데 겸애란 사람이 '자신自身, 자국自國을 사랑하듯이 타인他人, 타국他國도 차별하지 않고 사랑한다.'는 것이다. 남을 이롭게 하는 것이 곧 자신도 이롭게 한다는 주장이다.

爲 때문 위　賊 도둑 적　廢 폐할 폐

14. 진심盡心 하

盆成括　小有才　君子之大道

A矣B : A하겠구나! B여
見A : A를 당하다
何以A : 무엇으로 A하는가?
未A : 아직 A하지 않다
A而已矣 : A일 뿐이다

143 盆成括이 仕於齊러니 孟子曰 死矣로다 盆成括이여 盆成括이 見殺이어늘 門人이 問曰 夫子何以知其將見殺이시니잇고 曰 其爲人也 小有才요 未聞君子之大道也하니 則足以殺其軀而已矣니라 〈盡心下 29:1〉

#75 A哉B(也)　A矣B　A乎B : A하구나! B여

'B가 A하다'의 서술어가 주어 앞으로 도치된 패턴이다.

• 분성괄盆成括 : 전국시대 사람. 제齊나라에 벼슬하다 죽임을 당함.

143 분성괄盆成括이 제齊나라에서 벼슬하였는데, 맹자가 말하였다. "죽을 것이다! 분성괄이여."

분성괄이 〈맹자의 말대로〉 죽임을 당하자, 문하의 사람들[門人]이 물어 말하였다. "선생[夫子]은 무엇으로 그가 장차 죽임을 당할 것을 아셨습니까?"

- 見(A)B는 '(A에게) B당하다'로 풀이하는 피동의 패턴으로 A가 생략된 형태이다.(解 ☞ 24-2)

〈맹자가〉 말하였다. "그의 사람됨이 조금 재주가 있고 군자의 큰 도를 듣지 못하였으니, 제 몸을 죽이기에 충분하였을 뿐이다."

CV18070

盆 동이 분 ; 성씨　括 묶을 괄 ; 사람 이름　軀 몸 구

養心 寡欲 多欲 # 莫A於B

144 孟子曰 養心이 莫善於寡欲하니 其爲人也 寡欲이면 雖有不存焉者라도 寡矣요 其爲人也 多欲이면 雖有存焉者라도 寡矣니라 〈盡心下 35:1〉

莫A於B : B보다 A한 것은 없다

145 孟子曰 由堯舜으로 至於湯이 五百有餘歲니 若禹皐陶則見而知之하시고 若湯則聞而知之하시니라

由A至於B : A로부터 B에 이르기까지

若A則 : A 같은 경우에는

#55 莫A於B 無A於B 莫A焉 : B보다 A한 것은 없다 ; 이보다 A한 것은 없다

여럿 중에 가장 낫다(좋다)는 것을 뜻하는 패턴이다. 於B가 焉으로 축약되면서 莫A焉이 되어 '이보다 A한 것은 없다'로 풀이하는 경우도 많다.

144 맹자가 말하였다. "마음을 수양함[養心]은 욕심欲心을 적게 하는 것보다 더 좋은 것이 없으니, 그 사람됨이 욕심이 적으면 비록 보존하지 못한 것이 있더라도 〈보존하지 못한 것이〉 적을 것이고, 그 사람됨이 욕심이 많으면 비록 보존한 것이 있더라도 〈보존한 것이〉 적을 것이다."

• 양심養心 : 마음을 수양함.

145 맹자가 말하였다. "요순堯舜으로부터 탕湯에 이르기까지 500여 년이니, 우禹왕과 고요皐陶 같은 경우는 도를 보고 알았고[見知], 탕 같은 경우는 도를 듣고 알았다[聞知].

- 由A至於B는 시간의 범위를 나타낸 패턴으로 自A至於B에서 自가 由로 바뀌어 쓰인 경우이다.

• 고요皐陶 : 순舜임금 때의 형관刑官.

• 견지見知 : 눈으로 보고서야 그것에 담긴 이치를 환히 앎.

• 문지聞知 : 전하여 듣거나 전수傳授받아서 앎.

寡 적을 과 堯 요임금 요 舜 순임금 순 禹 우임금 우 皐 언덕 고; 사람 이름
有(≒又) 또 유 陶 사람 이름 요 湯 끓일 탕; 사람 이름

見知　聞知　# 由A至於B

146 由湯으로 至於文王이 五百有餘歲니 若伊尹萊朱則見而知之하고 若文王則聞而知之하시니라

147 由文王으로 至於孔子五百有餘歲니 若太公望散宜生則見而知之하고 若孔子則聞而知之하시니라

- 이윤伊尹 : 은殷나라의 어진 정승. 이름은 지摯.
- 내주萊朱 : 탕湯임금의 현신賢臣. 중훼仲虺.
- 태공망太公望 : 주 문왕周文王의 스승. 성은 강姜, 씨는 여呂. 이름은 상尙. 일명 강태공.
- 산의생散宜生 : 주周나라 사람. 무왕武王을 도와 주紂를 멸함.

146 탕湯으로부터 문왕文王에 이르기까지 500여 년이니, 이윤伊尹과 내주萊朱 같은 경우는 보고서 알았고, 문왕 같은 경우는 들어서 알았다.

147 문왕文王으로부터 공자에 이르기까지 500여 년이니, 태공망太公望과 산의생散宜生 같은 경우에는 보고서 알았고 공자 같은 경우에는 들어서 알았다.

- 숫자 사이의 有는 又(더하기)와 같다. 즉 五百有餘는 '500〔五百〕 +〔有〕 α〔餘〕'의 구조이다.

괄호 없음 – 《맹자孟子》
(　) – 한유韓愈, 〈원도原道〉
[　] – 주자朱子, 〈중용장구서中庸章句序〉

요堯 – 순舜 – 우禹 – 탕湯
문왕文王 – (무왕武王) – (주공周公)
공자孔子 – (맹자孟子) – [증자曾子] – [자사子思]
[정호程顥] · [정이程頤]

유가儒家의 도통道統

尹 다스릴 윤 ; 사람 이름　萊 명아주 래 ; 사람 이름

去AB

148 由孔子而來로 至於今이 百有餘歲니 去聖人之世 若此其未遠也며 近聖人之居 若此其甚也로되 然而無有乎爾하니 則亦無有乎爾로다 〈盡心下 38 : 1~4〉

由A而B至於C : A로부터 B로 C에 이르기까지
去AB : A와 거리가 B하다
近AB : A와의 가까움이 B하다

去AB 違AB 近AB : A와 거리가 B하다

시간적 또는 공간적인 거리距離의 원근을 표현하는 패턴이다. A에는 대상(명사)이 오고 B에는 거리의 상태(형용사 등)를 의미하는 글자나 구절이 온다.

148 공자 때부터 지금에 이르기까지 백여 년이니, 성인聖人의 세대와의 거리가 이와 같이 멀지 않고 성인이 살던 곳과 가까움이 이와 같이 심하다. 그런데도 〈공자의 도를 직접 보고서 안 자가〉 있지 않으니, 그렇다면 또한 〈500년 뒤에 공자의 도를 듣고서 아는 자가〉 있지 않겠구나."

- '由孔子而來 至於今'은 시간의 변화를 뜻하는 패턴이다.
- 사서四書에는 乎爾가 4개 문장에서 총 6회가 나오는데, 이 가운데 3개 문장 4회에서는 '너에게, 너를' 등으로 풀이하고, 이 문장에서만 乎爾를 종결사로 보는 것에 유의하라.

연습문제

밑줄 친 구절의 직역을 쓰시오.

☞ 135 • 父母俱存하며 兄弟無故一樂也요

☞ 125 • 仁은 人心也요 義는 人路也니라

☞ 128 • 學問之道는 無他라 求其放心而已矣니라

풀이를 참조하여 □ 안에 알맞은 한자를 쓰시오.

☞ 137 • 得天下□□而教育之三□也니
: 천하의 영재를 얻어서 교육하는 것이 세 번째 즐거움이니

☞ 118 • 柳下惠는 聖□和□也요 孔子는 聖□時□也시니라 : 유하혜는 성인 가운데 조화로운 사람이고, 공자는 성인 가운데 때에 알맞게 한 사람이다.

☞ 123 • □失其養이면 □物□消니라
: 만일 알맞은 길러줌을 잃으면 어떤 물건이고 사라지지 않을 것이 없다.

풀이를 참조하여 ( ) 안에 한자를 바르게 나열하시오.

☞ 109 • 君子所以異於人者는 □□□□□니 : 군자가 다른 사람과 다른 까닭은 그 마음을 보존하기 때문이니 (心 存 以 其 也)

☞ 136 • □□□□□하며 俯不怍於人이 二樂也요 : 위로 하늘에 부끄럽지 않으며, 아래로 사람에게 부끄럽지 않음이 두 번째 즐거움이고 (於 不 愧 仰 天)

☞ 131 • □□□□□□이요 古之所謂民賊也라 : 지금의 이른바 훌륭한 신하이고 옛날의 이른바 백성의 적이다. (謂 所 良 今 之 臣)

부록

패턴 색인

한자와 현토

맹자전도

전국칠웅도

맹자 연보

구결표

참고 문헌

패턴 색인

- 색인의 범위는 1~400번의 원문의 패턴에 한함.
- 패턴 내 각각의 한자에 모두 제시함. 단, 동일한 한자가 2회 이상 포함된 패턴은 1회만 기록함.
  예: '不可不A'는 '不'과 '可'에 각 1회씩 제시함.
- 본 색인의 풀이는 실제 번역문과 가급적 유사한 형태로 제시함.
- '한자음 가나다 순'으로 배열함.

ㅍ

ㅎ

한자와 현토

'雖 ~ (이)라도, 雖 ~ (이)나'

문장의 앞에 쓰여 '비록 ~(이)라도'로 풀이한다.

○ 雖愚나 必明하며 雖柔나 必强이니라 : 비록 어리석더라고 반드시 밝아지고, 비록 유약하더라도 반드시 강해진다.

'與其 ~ (으)론 寧 ~'

선택형 문장을 만들며 '~하기보다는 차라리~'로 풀이한다.

○ 與其有聚斂之臣으론 寧有盜臣이라 : 그 취렴하는 신하를 두기보다는 차라리 도적질 하는 신하를 두겠다.

'~ 後에'

구절의 뒤에 쓰여 '과정이나 시간의 다음'을 나타낸다.

○ 歲寒然後에 知松柏之後彫也니라 : 날씨가 추워진 연후에야 소나무와 측백나무가 늦게 시든다는 것을 안다.

'~ 乎아, ~ 乎리오, ~ 乎잇가'

구절의 뒤에 쓰여 '의문'을 나타낸다.

○ 夫子爲衛君乎아 : 선생님은 위나라 임금을 도우실까?

○ 何以別乎리오 : 무엇으로 구별하겠는가?

'~ 與잇가, ~ 與아'

구절의 뒤에 쓰여 '의문/반어'를 나타낸다.

○ 子謂冉有曰 女弗能救與아 : 공자가 염유에게 일러 말하였다. "네가 바로잡을 수 없겠느냐?"

'何 ~ (也)리잇고, 何 ~ 리오, 何 ~ 아'

구절의 앞에 쓰여 '어찌 ~인가'라는 '의문/반어'를 나타낸다.

○ 賜也 何敢望回리잇고 : 제가 어찌 감히 회를 바라겠습니까?

○ 予何人也오 : 나는 어떤 사람인가?

'~ 何也잇고'

구절의 앞과 뒤에 쓰여 '~은 어째서/무엇인가'라는 '의문/반어'를 나타낸다.

○ **民**이 **猶以爲大**는 何也잇고 : 백성들이 오히려 크다고 생각하는 것은 어째서입니까?

'~ 何有리오'

주로 구절의 뒤에 쓰여 '~(에)는 무슨 어려움이 있느냐'라는 '의문/반어'를 나타낸다. '何有'는 '何難之有'의 생략이다.

○ **由也**는 **果**하니 **於從政乎**에 何有리오 : 유는 과감하니 정사에 종사함에 무슨 어려움이 있겠습니까.

'何 ~ 有리오'

구절의 앞뒤에 쓰여 '무슨 ~이 있느냐'라는 '반어'를 나타낸다.

○ **君子居之**면 何**陋之**有리오 : 군자가 그곳에 거주하면 무슨 누추함이 있겠는가.

'何如하니잇고, 何如아'

구절의 뒤에 쓰여 '어떠한가'라는 '의문'을 나타낸다. 주로 상태를 나타낸다.

○ **貧而無諂**하며 **富而無驕**면 何如하니잇고 : 가난하면서 아첨함이 없으며, 부유하면서 교만함이 없으면 어떠합니까?

'~ 如何잇고, ~ 如何(리)오'

구절의 앞 또는 뒤에 쓰여 '어떻게 하느냐'라는 '의문/반어'를 나타낸다. 如何가 '어떻게 하느냐'는 행위, 방법, 수단을 주로 나타낸다.

○ **是則可憂也**라 **憂之**如何오 : 이것은 곧 근심할 만한 것이다. 근심을 어찌해야 하는가?

' ~ 如之何잇고'

구절의 앞 또는 뒤에 쓰여 '(그것을) 어떻게 하느냐'라는 '의문'을 나타낸다.

○ **四境之內不治**어든 **則**如之何잇고 : 온 나라 안이 다스려지지 않으면 그를 어찌하시겠습니까?

'盍 ~ 오, 盍 ~ 잇고'

구절의 앞에 쓰여 '어찌 ~않느냐'라는 '반어'를 나타낸다. '盍(합)'은 '何不'(어찌 아니)의 축약형이다.

○ 盍**各言爾志**오 : 어찌 각자 너희 뜻을 말하지 않느냐?

'~ 哉리오, ~ 哉라, ~ 哉잇가, ~ 哉런고, ~ 哉여'

구절의 뒤에 쓰여 '~인가'라는 '의문/반어'나 '~구나, ~로다, ~이여'의 '감탄'을 나타낸다.

○ 人焉廋哉리오 : 사람이 어떻게 숨기겠는가.

▧ '焉 ~ (리)(잇)고, 焉 ~ (리)오, 焉 ~ 아'

구절의 앞에 쓰여 '어찌/어디에서 ~는가'라는 '의문/반어'를 나타낸다.

○ 焉得知리오 : 어찌 지혜로울 수 있겠는가.

▧ '豈 ~ 아, 豈 ~ (리)오, 豈 ~ (리)잇고'

구절의 앞에 쓰여 '어찌 ~인가'라는 '의문/반어'를 나타낸다.

○ 豈惟民哉리오 : 어찌 사람만 그럴 뿐이겠는가.

▧ '奚 ~ (리)(잇)고, 奚 ~ (리)오, 奚 ~ 아'

구절의 앞에 쓰여 '어찌 ~인가'라는 '의문/반어'를 나타낸다.

○ 由之瑟을 奚爲於丘之門고 : 유의 비파를 어찌 나의 문하에서 연주하는가?

▧ '孰 ~ (리)(잇)고, 孰 ~ (리)오, 孰 ~ 아'

구절의 앞에 쓰여 '누가 ~인가'라는 '의문/반어'를 나타낸다.

○ 女與回也로 孰愈오 : 너와 회는 누가 나은가?

▧ '誰 ~ (리)오, 誰 ~ (리)잇고'

구절의 앞에 쓰여 '누가 ~인가'라는 '의문/반어'를 나타낸다.

○ 子行三軍이면 則誰與시리잇고 : 선생님께서 삼군을 통솔하신다면 누구와 함께하겠습니까?

▧ '~ 諸(저)잇가, ~ 諸아'

구절의 뒤에 쓰여 '의문/반어'를 나타내는데 '之乎'의 축약형으로 본다.

○ 雖有粟이나 吾得而食諸아 : 비록 곡식이 있더라도 내가 그것을 먹을 수 있겠습니까?

▧ '如 ~ 인댄, 若 ~ 면'

구절의 앞에 쓰여 '가정'을 나타내는 '(가령/만일) ~면/거든'으로 풀이된다.

○ 如不可求인댄 從吾所好호리라 : 만약 구할 수 없는 것이라면 내가 좋아하는 것을 따르겠다.

▧ '若 ~ 인댄 / 若 ~ 면'

구절의 앞에 쓰여 '가정'을 나타내는 '(가령/만일) ~면/거든'으로 풀이된다.

○ 若得美味어든 歸獻父母하라 : 만일 맛있는 음식을 얻으면 돌아가서 부모께 드려라.

'~ 면 而'

구절의 앞에 쓰여 '가정'을 나타내는 ' ~면/거든'으로 풀이된다.

○ **上下交征利**면 而**國危矣**리이다 : 윗사람과 아랫사람이 서로 이를 취한다면 나라가 위태로워질 것입니다.

'~乎인저'

구절의 끝에 쓰여 '감탄, 추측'을 나타내는 '~하구나, ~일 것이다'로 풀이된다.

○ **必也使無訟**乎인저 : 반드시 송사가 없게 할 것이다.

'~ (이)로되 而 ~'

구절의 앞에 쓰여 역접 '하되, 이나'로 풀이된다.

○ **吾力足以擧百鈞**이로되 而**不足以擧一羽**하며 : 내 힘은 백 균을 들기 충분하지만, 깃털 하나를 들기에 충분하지 못하다.

'~ (也)與인저, ~ (也)與신저'

구절의 앞에 쓰여 추측을 나타내는 '~일 것이다'로 풀이된다.

○ **其猶正牆面而立**也與인저 : 바로 담을 마주하고 서 있는 것과 같을 것이다.

'故로 ~'

문장의 앞이나 사이에 쓰여 '그러므로, 이 때문에'로 풀이된다.

○ 故로 **君子**는 **愼其獨也**니라 : 이 때문에 군자는 반드시 그 홀로 아는 곳을 삼간다.

'雖然이나 ~'

문장의 사이에 쓰여 '비록 그렇지만'로 풀이된다.

○ **予**雖然이나 **豈舍王哉**리오 : 내가 비록 그렇지만 어찌 왕을 저버리겠는가.

《맹자전도孟子全圖》

萬曆 戊戌年(1963) 安正堂 劉雙松氏 梓, 村田通信(日本) 編, 木版本, 국립중앙도서관 소장

맹자의 교육을 위해 사는 곳을 여러 차례 옮긴 맹모孟母의 고사(맹모삼천지교孟母三遷之敎)

《열녀전列女傳》〈모의전母儀傳〉

맹자가 학업을 소홀히 하자 맹모孟母가 짜던 베를 끊어 맹자를 경계시킨 고사

(맹모단기孟母斷機)

《열녀전列女傳》〈모의전母儀傳〉

백성을 다스리는 급선무는 백성을 이롭게 하는 것이며, 인의仁義가 바로 백성을 이롭게 하는 것임을 자사子思에게 배운 맹자

《자치통감資治通鑑》〈주기周紀〉

양 혜왕梁 惠王이 나라의 이익을 도모할 방책을 묻자, 이익을 추구하는 것의 폐단을 경계하며 인의仁義를 강조한 맹자

《맹자》 〈양혜왕 상〉 1장

양 혜왕이 동물을 관람하는 즐거움을 말하자, 그 즐거움을 백성들과 함께할 것을 설득한 맹자

《맹자》〈양혜왕 상〉 2장

제 선왕齊 宣王에게 짐승을 측은해하는 마음을 잘 확충하여 왕도정치王道政治를 실현할 것을 설득한 맹자

《맹자》 〈양혜왕 상〉 7장

제 선왕에게 명당明堂을 그대로 보존하고 왕도정치王道政治를 실현할 것을 주장한 맹자

《맹자》 〈양혜왕 하〉 5장

노 평공魯平公이 환관宦官 장창臧倉의 만류로 맹자를 만나려던 일을 그만두자, 맹자가 이를 듣고 모두 하늘에 달린 일이라고 하였던 고사

《맹자》〈양혜왕 하〉16장

사士가 무리를 이끌고 제후들에게 대접받는 것이 너무 지나치다고 한 제자 팽경彭更의 질문에, 인의仁義를 힘쓴다면 그 공功이 크기 때문에 지나친 것이 아니라고 대답한 맹자

《맹자》〈등문공 하〉 4장

경상卿相의 지위에 올라도 마음을 움직이지 않을 수 있겠냐는 질문에 자신은 40세에 이미 마음이 동요되지 않았으며, 남의 말을 잘 이해하고 호연지기浩然之氣를 잘 기른다고 대답한 맹자

《맹자》 〈공손추 상〉 2장

맹자가 경卿이 되어 등滕나라로 조문을 떠났는데, 자신을 수행한 왕환王驩을 탐탁지 않게 여겨 사행使行에 관한 일을 그와 함께 논의하지 않은 고사

《맹자》 〈공손추 하〉 6장

등 문공滕 文公이 세자世子였을 때 맹자를 만났는데, 맹자가 사람의 본성이 선善함을 말하면서 말할 때마다 요순堯舜을 언급한 고사

《맹자孟子》 〈등문공 상〉 1장

제자 충우充虞가 맹자의 모친상 때 관棺으로 쓴 재목이 너무 좋았다고 하자, 보기 아름답게 하려고 그런 것이 아니라 그렇게 해야 자식의 마음에 흡족하다고 한 고사

《맹자》 〈공손추 하〉 7장

제齊나라 왕王이 만종萬鍾의 녹祿을 주어 떠나려는 맹자를 머물게 하려 했으나, 이익에 따라 행동하지 않았던 맹자가 이를 거부하였던 고사

《맹자》 〈공손추 하〉 10장

제齊나라를 떠날 때 충우充虞가 맹자에게 기쁘지 않은 기색이 있는 듯하다고 하자, 맹자는 하늘이 천하를 다스리려고 한다면 자신에게 맡길 것이라며 기쁘지 않을 이유가 없다고 하였던 고사

《맹자》 〈공손추 하〉 13장

맹자孟子가 논쟁하길 좋아한다고 사람들이 오해하는 것에 대해, 성인聖人의 도道를 계승하기 위해 부득이하게 그런 것이라고 설명한 고사

《맹자》 〈등문공 하〉 9장

왕환王驩이 공행자公行子 아들의 상喪에 조문을 갔는데 맹자가 함께 말을 나누지 않아 불쾌해 하자, 이를 들은 맹자가 예법을 지키기 위해 그렇게 했다고 설명한 고사

《맹자》 〈이루 하〉 27장

노魯나라에서 악정자樂正子에게 정치를 맡기려 한다는 소식에 맹자가 기뻐하였는데, 공손추公孫丑가 그 이유를 묻자 악정자가 선善을 좋아하기 때문에 잘 다스릴 수 있을 것이라고 답한 고사

《맹자》 〈고자 하〉 13장

전국칠웅도戰國七雄圖

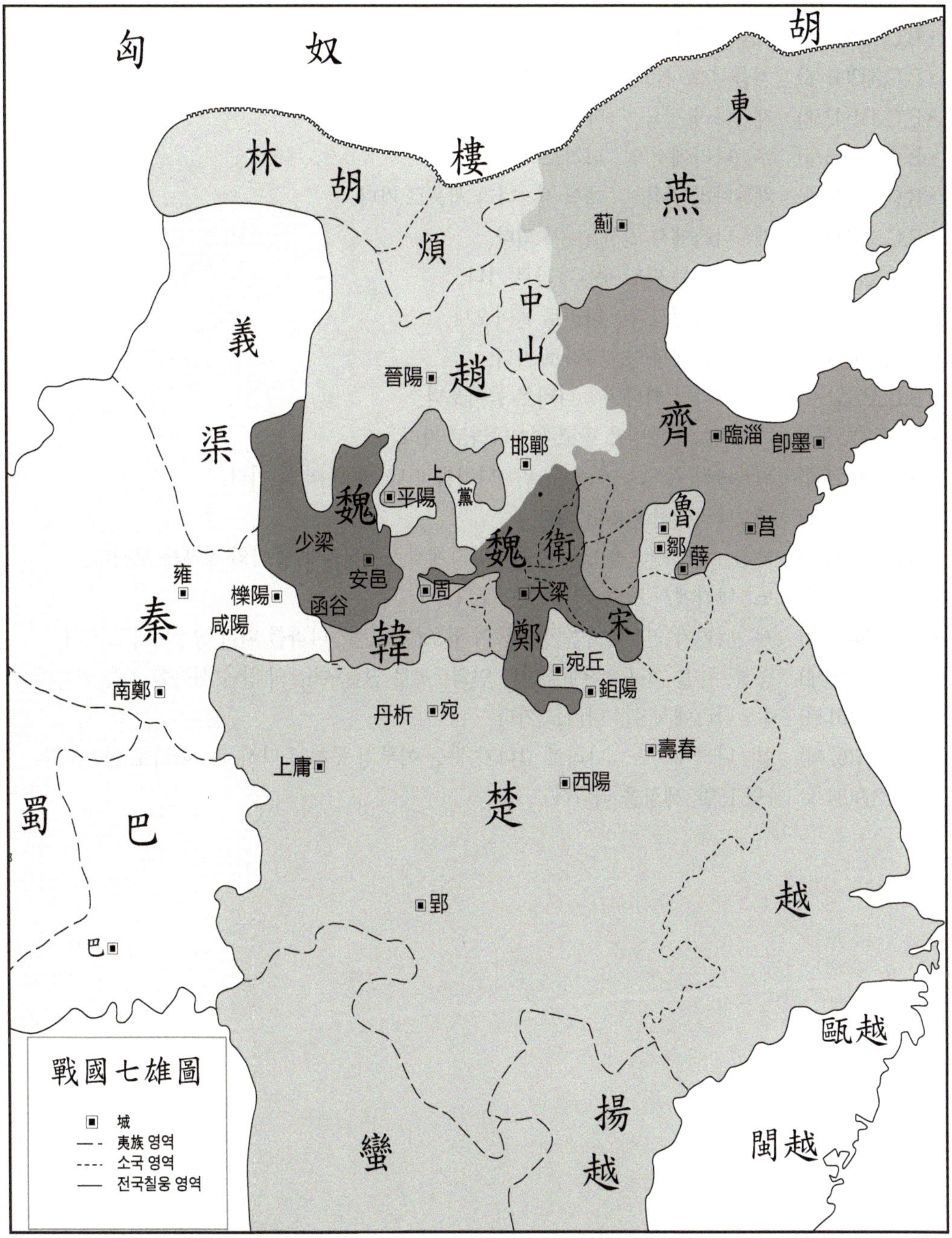

≪中國歷史地圖≫ 上冊(程光裕 · 徐聖謨 主編, 中國文化大學出版部, 1980)

맹자 연보孟子年譜

- B.C.372(1세)　4월 2일, 추鄒나라(지금의 산동성山東省 연주부兗州府 추현鄒縣)에서 태어나다.
- B.C.358(15세)　노魯나라에서 배우다.
- B.C.332(41세)　처음 추鄒나라 목공穆公을 만나다.
- B.C.331(42세)　제齊나라 평륙平陸에서 머물다.
- B.C.330(43세)　추鄒나라에서 임任나라로 가다.
- B.C.329(44세)　제齊나라 평륙平陸에서 제齊나라 서울로 가다.
- B.C.328(45세)　제齊나라에서 빈사賓師가 되다.
- B.C.326(47세)　제齊나라를 떠나 송宋나라로 가다.
- B.C.325(48세)　송宋나라에서 추鄒나라로 돌아오다.
- B.C.324(49세)　추鄒나라에서 등滕나라로 가다.
- B.C.322(51세)　등滕나라를 떠나 추鄒나라로 돌아오다.
- B.C.320(53세)　혜왕惠王의 초빙을 받고 위魏나라로 가다.
- B.C.319(54세)　위魏나라 왕 앵罃이 죽자, 위魏나라를 떠나 제齊나라로 가다.
- B.C.318(55세)　제齊나라에서 경卿이 되다.
- B.C.317(56세)　모친母親의 상喪을 당하여 제齊나라에서 노魯나라로 돌아와 장례를 모시다.
- B.C.315(58세)　노魯나라에서 제齊나라로 돌아오다.
- B.C.314(59세)　제齊나라가 연燕나라를 정벌하여 횡포하자, 제齊나라를 떠나 송宋나라로 가다.
- B.C.313(60세)　송경宋牼을 석구石丘에서 만나 인의仁義로 진秦· 초楚의 왕을 설득할 것을 권하다.
- B.C.312(61세)　송宋나라에서 설薛나라로 가다.
- B.C.311(62세)　설薛나라에서 노魯나라로 갔다가 뜻을 이루지 못하고 다시 추鄒나라로 돌아오다.
- B.C.289(84세)　1월 15일, 세상을 떠나다.

구결표

1. 음音에 따라 만든 것

漢字	口訣	音	한자	구결	음	한자	구결	음
隱	卩	은,는,ㄴ	乙	乙	을,를,ㄹ	厓	厂	에,애
刀	刀	도	面	丆	면	屎	尸	히
牙	牙	아	也	ㄱ	야	旀	尒	며
古	ロ	고	尼	匕	니	羅	𠆢	라
時	寸	시	多	夕	다	小	小	소
那	尹	나	代	弋	대	乎	乊	호
淚	户	러	奴	又	노,로	於	仒	어
里	曰	리	舍	士, 舍	사	西	襾	서
馬	馬	마	言	言	언	矣	厶	의
底	广	저	五	五	오	丁	丁	정
巨	巨	거,커	申	申	신			

2. 훈訓에 따라 만든 것

漢字	口訣	音	한자	구결	음	한자	구결	음
爲	丷	하(할 위)	是	丶	이(이 시)	加	力	더(더할 가)
等	ホ	드(등급 등)	月	月	다(달 월)			

3. 복합형

口訣	音	구결	음	구결	음	구결	음	구결	음	구결	음
丶卩	인	ホ卩	든	月乙	달	寸乙	실	士丶	새	丶叱	잇
曰叱	릿	巨丶	케	尹卩	난	仒丶	에	五卩	온		

4. 용례用例

口訣	音
丷ロ	하고
丷匕	하니
丷匕𠆢	하니라
丷ㄱ	하야
丷ㄱ卩	하야는
丷ㄱ尹卩	하야난
丷尹匕	하나니
丷𠆢	하라
丷匕𠆢	하니라
丷寸匕	하시니
丷尒	하며
丷寸丆	하시면
丷寸卩大	하신대
丷申大	하신대
丷乙士丶	할새
丷又𠆢	하노라
丷又匕	하노니
丷小襾	하소서
丷力匕	하더니
丶匕	이니

구결	음
丶尹	이나
丶𠆢	이라
丶𠆢刀	이라도
丶仒匕	이어니
丶仒乙	이어늘
丶仒ホ卩	이어든
丶户匕	이러니
丶户丶夕	이러이다
丶户寸匕	이러시니
丶叱可	잇가
丶曰叱ロ	이릿고
丶牙	이아
乊弋	호대
乊大	호대
乊匕	호니
乊曰𠆢	호리라
乊丶夕	호이다
乙又	으로
又夕	로다
又大	로대

구결	음
又丶夕	로이다
又小丶夕	로소이다
尹卩	난
曰五	리오
言丁	언정
言馬卩	언마는
巨丶夕	케이다
丶寸乙士丶	이실새
丷寸乙士丶	하실새
丷舍	하사
丷士	하사
丶卩广	인저
丶卩大	인대
印大	인대
丶匕丶夕	이니이다
丶五卩女	이온여

※ 이 외에도 다양한 조합이 가능함.

참고문헌

독본 등 교재류

- Paul Rouzer, 《A New Pratical Primer of Literary Chinese》(Harvard East Asian MonoGraphy 276), Cambridge and London, 2007.
- 加藤徹, 《白文攻略 漢文法ひとり学び》, 白水社, 2013.
- 경성대학교 한문교재편찬위원회, 《교양한문》, 경성대학교 출판부, 1991.
- 김경수·김성룡, 《어순으로 푸는 단계별 한문해석》, 집문당, 2002.
- 동양고전정보화연구소 고전교육연구실, 《漢文독해기본패턴》, 전통문화연구회, 2018.
- 성균한문학교실, 《교양한문》, 성균관대학교 출판부, 1990.
- 小川環樹 西田太一郎 著, 《漢文入門》(岩波全書 233), 1957.
- 元泳義, 《蒙學漢文初階》, 1908.
- 元泳義, 《小學漢文讀本》, 1908.
- 이화여자대학교 대학한문 편찬위원회, 《대학한문》, 이화여자대학교 출판부, 1999.
- 전남대학교 대학한문교재편집위원회, 《대학한문》, 전남대학교 출판부, 1990.
- 鄭翼, 《漢文教授捷徑》, 1929.
- 중앙대학교 교양한문 편집위원회, 《교양한문》, 중앙대학교 출판부, 1990.

사전, 문법 및 단행본

- Edwin G. Pulleyblank, 《Outline of Classical Chinese Grammar》(University of British Columbia), UBC Press, 2000.
- Georg von der Gabelentz, 《Chinesische Grammatik》, 1881.
- 강혜근 외, 《漢字同義語辭典》, 궁미디어, 2011.
- 郭锡良, 《古代汉语》, 商务印书馆, 1999.
- 郭锡良, 《古代汉语语法讲稿》, 语文出版社, 2010.
- 管敏義 지음, 서울대 동양사학연구실 옮김, 《고급한문해석법》, (주)창비, 2016.
- 김원중, 《한문해석사전》, 글항아리, 2013.
- 단국대학교 동양학연구소, 《漢韓大辭典》, 2008.
- 沈載東, 《알기쉬운 한문해석법》, 운주사, 1999.
- 양계초, 《중국고전학입문》, 형성사, 1995.
- 楊伯峻(1909-1990), 《古漢語語法及其發展》, 语文出版社, 1992.
- 呂叔湘(1904-1998), 《中國文法要略》, 商务印书馆, 1956.
- 吳鴻清, 《古代汉语基础》, 北京大学出版社, 2006.
- 王力, 《中國文法學初探》, 山西人民出版社, 2014.
- 王力, 《漢語史稿》, 中國圖書, 2013.

• 王力, 《漢語語法史》, 中華書局, 1989.
• 王力, 《古代汉语》1~4, 中华书局, 1999
• 이상진, 《문화문고 한문문법》, 전통문화연구회, 2014.
• 周法高, 《中國古代語法》, 中央硏究院历史语言研究所, 1959.
• 최기천 저, 《중국어번역법》, 학고방, 2002.
• 崔完植·金榮九·李永朱 共著, 《漢文讀解法》, 明文堂, 2016.

학회지 및 논문

• 한국고전번역원, 《民族文化》.
• 한국어문교육연구회, 《語文硏究》.
• 한국한문교육학회, 《한문교육연구》.
• 한국한문학회, 《한국한문학연구》.
• 한국한자한문교육학회, 《한자한문교육》.
• 정우상, 《漢文構造文法論考 : 之字를 中心으로》, 延世大學校 敎育大學院, 1969.
• 최식, 《漢文讀法의 韓國的 特殊性》, 국제한국한자한문교육학회 학술대회, Vol.2011 No.1, 2011.
• 최지희, 《論語와 孟子에 나타난 '以'의 쓰임 분석 : 漢文科 文法敎育의 맥락에서》, 성신여자대학교 대학원, 2013.

언해서

• 《四書三經諺解》(대학언해, 논어언해, 맹자언해, 중용언해)

주요 번역서

• 신승운 외 역주, 《譯註 孟子注疏》 1, 전통문화연구회, 2019
• 전병수 역주, 《懸吐完譯 孟子集註》 上·下 草稿

데이터베이스

• 「동양고전종합DB」, http://db.juntong.or.kr
• 「中國哲學書電子化計劃」, http://ctext.org
• 「한국고전종합DB」, http://db.itkc.or.kr
• 「한문독해첩경」, http://jtlink.kr/VB
• 「한국경학자료집성」, http://koco.skku.edu

도판 참고자료 및 출처

• 《古聖賢像傳略》
• 《萬古際會圖像》
• 《三才圖會》
• 《孔子聖績圖》

- 《聖賢像讚》
- 《五經圖彙》
- 《周禮圖說》
- 《周易傳義大全》
- 《中國歷史地圖》
- 《至聖先賢半身像》
- 《和漢三才圖會》
- 국립전주박물관
- 문화재청국가문화유산포털

한문독해첩경시리즈 7

맹자독해 첫걸음 정가 17,000원

2025년 09월 20일 초판 인쇄
2025년 09월 30일 초판 발행

편 저 이시곤 이화춘 원주용 박상수
기 획 동양고전정보화연구소 고전교육연구실
윤문교정 동양고전번역연구소

발 행 인 김 현
발 행 처 (사)전통문화연구회
서울 종로구 삼봉로 81 두산위브파빌리온 1332호
전화 : (02)762-8401 전송 : (02)747-0083
전자우편 : juntong@juntong.or.kr
홈페이지 : juntong.or.kr
사이버書院 : hm.cyberseodang.or.kr
온라인서점 : book.cyberseodang.or.kr

등 록 1989. 7. 3. 제1-936호
총 판 한국출판협동조합(070-7119-1750)

I S B N 979-11-5794-443-9 04700
979-11-5794-196-4 (세트)

전통문화연구회 도서목록

新編 基礎漢文敎材·漢文讀解捷徑

新編 四字小學·推句 고전교육연구실 편역 11,000원
新編 啓蒙篇·童蒙先習 고전교육연구실 편역 11,000원
新編 明心寶鑑 이지곤·원주용 역주 15,000원
新編 擊蒙要訣 함현찬 역주 12,000원
新編 註解千字文 이충구 역주 12,000원
新編 原文으로 읽는 故事成語 원주용 편역 15,000원
新編 唐音註解選 권경상 역주 22,000원
(개정판) 漢文독해기본패턴 이지곤 外 저 20,000원
한문독해첩경 文學篇 박상수·이화춘 外 저 17,000원
한문독해첩경 史學篇 박상수·이화춘 外 저 17,000원
한문독해첩경 哲學篇 박상수·이화춘 外 저 17,000원
논어독해 첫걸음 이지곤 外 저 17,000원
맹자독해 첫걸음 이지곤 外 저 17,000원

五書五經讀本

論語集註 上·下 정태현 역주 合 49,000원
孟子集註 上·下 전병수·김동주 역주 合 60,000원
大學·中庸集註 이광호·전병수 역주 15,000원
小學集註 上·下 이충구 外 역주 合 50,000원
詩經集傳 上·中·下 박소동 역주 合 90,000원
書經集傳 上·中·下 김동주 역주 合 90,000원
周易傳義 元·亨·利·貞 최영진 外 역주 合 120,000원
詳說 古文眞寶大全後集 上·下 이상하 外 역주 合 64,000원
春秋左氏傳 上·中·下 허호구 外 역주 合 109,000원
禮記 上·中·下 성백효 外 역주 合 90,000원

東洋古典國譯叢書

大學·中庸集註 - 개정증보판 성백효 역주 12,000원
論語集註 - 개정증보판 성백효 역주 30,000원
孟子集註 - 개정증보판 성백효 역주 30,000원
詩經集傳 上·下 성백효 역주 合 70,000원
書經集傳 上·下 성백효 역주 合 66,000원
周易傳義 上·下 성백효 역주 合 80,000원
小學集註 성백효 역주 32,000원
古文眞寶 後集 성백효 역주 32,000원

東洋古典譯註叢書

〈經部〉

十三經注疏
周易正義 1~4 성백효 外 역주 合 147,000원
尙書正義 1~7 김동주 역주 合 241,000원
毛詩正義 1~8 (全15) 박소동 外 역주 合 288,000원
禮記正義 1~3, 中庸·大學 (全20) 이광호 外 역주 合 117,000원
論語注疏 1~3 정태현 外 역주 合 117,000원
孟子注疏 1~5 최채기 外 역주 合 157,000원
孝經注疏 정태현 外 역주 35,000원
周禮注疏 1~4 (全15) 김용천 外 역주 合 132,000원
春秋左傳正義 1~2 (全18) 허호구 外 역주 合 59,000원
春秋公羊傳注疏 1 (全7) 송기채 外 역주 合 37,000원
春秋左氏傳 1~8 정태현 역주 合 262,000원
禮記集說大全 1~6 (全10) 신승운 外 역주 合 211,000원
東萊博議 1~5 정태현 外 역주 合 172,000원
韓詩外傳 1~2 허경진 外 역주 合 65,000원
說文解字注 1~6 (全20) 이충구 外 역주 合 207,000원

〈史部〉

思政殿訓義 資治通鑑綱目 1~23 (全39) 신승운 外 역주 合 719,000원
通鑑節要 1~9 성백효 역주 合 316,000원
唐陸宣公奏議 1~2 심경호 外 역주 合 88,000원
貞觀政要集論 1~4 이충구 外 역주 合 109,000원
列女傳補注 1~2 최병준 外 역주 合 68,000원
歷代君鑑 1~4 홍기은 外 역주 合 140,000원

〈子部〉

孔子家語 1~2 허경진 外 역주 合 79,000원
管子 1~4 (全5) 이석명 外 역주 合 130,000원
近思錄集解 1~3 성백효 역주 合 106,000원
老子道德經注 김시천 역주 45,000원
大學衍義 1~5 (全7) 신승운 外 역주 合 151,000원
墨子閒詁 1~7 이상하 外 역주 合 282,000원
說苑 1~2 허호구 역주 合 50,000원
世說新語補 1~5 김진옥 外 역주 合 181,000원
荀子集解 1~7 송기채 역주 合 247,000원
心經附註 성백효 역주 46,000원
顔氏家訓 1~2 정재서 外 역주 合 59,000원
揚子法言 1~2 박승주 역주 52,000원
列子鬳齋口義 최병준·공근식·권헌준 역주 40,000원
二程全書 1~7 (全8) 최석기 외 역주 合 253,000원
莊子 1~4 안병주·전호근 역주 合 143,000원
政經·牧民心鑑 홍기은·전백찬 역주 27,000원
韓非子集解 1~5 허호구 外 역주 合 202,000원
武經七書直解
孫武子直解·吳子直解 성백효 外 역주 45,000원
六韜直解·三略直解 성백효 外 역주 26,000원
尉繚子直解·李衛公問對直解 성백효 外 역주 26,000원
司馬法直解 성백효 外 역주 26,000원

〈集部〉

古文眞寶 前集 성백효 역주 30,000원
唐詩三百首 1~3 송재소 外 역주 合 127,000원
唐宋八大家文抄 韓愈 1~3 정태현 역주 合 78,000원
〃 柳宗元 1~2 송기채 역주 合 44,000원
〃 歐陽脩 1~7 이상하 外 合 220,000원
〃 王安石 1~2 신용호·허호구 역주 合 45,000원
〃 曾鞏 송기채 역주 25,000원
〃 蘇洵 이장우·노장시·장세후 역주 25,000원
〃 蘇軾 1~5 성백효 역주 合 110,000원
〃 蘇轍 1~3 김동주 역주 合 64,000원
明淸八大家文鈔 1 歸有光·方苞 이상하 外 역주 35,000원
〃 2 劉大櫆·姚鼐 이상하 外 역주 35,000원
〃 3 梅曾亮·曾國藩 이상하 外 역주 38,000원
〃 4 張裕釗·吳汝綸 이상하 外 역주 50,000원

東洋古典新譯

당시선 송재소·최경렬·김영죽 편역 24,000원
손자병법 성백효 역주 14,000원
장자 안병주·전호근·김형석 역주 15,000원
고문진보 후집 신용호 번역 28,000원
노자도덕경 김시천 역주 15,000원
고문진보 전집 上·下 신용호 번역 合 44,000원
신식 비문척독 박상수 번역 25,000원
쉽게 배우는 안씨가훈 김창진 편역 23,000원

문화문고

경전으로 본 세계종교 그리스도교 이정배 편저 10,000원
〃 도교 이강수 편역 13,000원
〃 천도교 윤석산 외 편저 10,000원
〃 힌두교 길희성 편역 10,000원
〃 유교 이기동 편저 10,000원
〃 불교 김용표 편저 22,000원
〃 이슬람 김영경 편역 13,000원
논어·대학·중용 조수익·박승주 공역 13,000원
맹자 조수익·박승주 공역 10,000원
소학 박승주·조수익 공역 10,000원
십구사략 1~2 정광호 저 合 24,000원
무경칠서 손자병법·오자병법 성백효 역 13,000원
〃 육도·삼략 성백효 역 10,000원
〃 사마법·울료자·이위공문대 성백효 역 10,000원
당시선 송재소·최경렬·김영죽 편역 10,000원
한문문법 이상진 저 20,000원
한자한문전통교재 조수익·이성민 공역 18,000원
士小節 선비 집안의 작은 예절 이동희 편역 13,000원
儒學이란 무엇인가 이동희 저 18,000원
동아시아의 유교와 전통문화 이동희 저 13,000원
현대인, 동양고전에서 길을 찾다 이동희 저 10,000원
100자에 담긴 한자문화 이야기 김경수 저 12,000원
우리 설화 1~2 김동주 편역 合 20,000원
대한민국 국무총리 이재원 저 10,000원
백운거사 이규보의 문학인생 신용호 저 14,000원

한자한문교육총서

수진본 기초한문교재 편집부 15,000원
수진본 논어·대학·중용 편집부 15,000원
수진본 맹자 편집부 15,000원
수진본 시경 편집부 15,000원
수진본 서경 편집부 15,000원
수진본 주역 편집부 15,000원
원문 논어집주 편집부 27,000원
원문 맹자집주 편집부 29,000원
원문 대학·중용장구 편집부 11,000원
임용전공어휘완전정복 - 고전산문편 원주용 外 저 25,000원
한문正譚 - 교과서 속의 단문 산문 한문 원주용 外 저 25,000원
알쏭달쏭한자 박상수 편저 25,000원